Heinz Kamp

Vom Hitlerjungen zum Freimaurer

AF144874

Zu diesem Buch

Lebenserinnerungen, wenn sie nicht die autobiographische Selbstsicht von Prominenten zum Thema haben, lesen sich oft als ergänzender oder gar korrigierender Beitrag zur Geschichte. Geschrieben von Zeitzeugen, denen man zutraut, dass sie wissen müssen, wie es wirklich war.

Die Lebenserinnerungen von Heinz Kamp sind unspektakulär weit entfernt von solchen Motiven. Heinz Kamp erzählt von sich selbst und davon, wie er seine Zeit erlebt hat. Das hat wohl manch einer ähnlich erlebt, und weil sich viele in den geschilderten Zeitumständen und Schicksalsläufen wiederfinden können, ist das Buch so authentisch.

Heinz Kamp ist erkennbar nie in der Versuchung, aus einer höheren Warte zu bewerten und zu deuten. Er bleibt selbstkritisch bescheiden. Wie ein Roter Faden zieht sich sein Bemühen durchs Buch, sich selbst zu erkennen und trotz aller Widrigkeiten das zu finden, was wirklich wichtig ist. Das weist schon früh auf einen inneren Entwicklungsprozess hin, der dann gewissermaßen „folgerichtig" zum zweiten Teil des Buchtitels führt, zur Freimaurerei.

Der erste Teil mit der stellvertretenden Markierung als „Hitlerjunge" steht unmissverständlich für Deutschlands braune Geschichte und die damit infizierten Menschen, von denen man rückblickend sagt, sie seien um ihre Jugend betrogen worden.

Heinz Kamp, Jahrgang 1923, gehört zu dieser betrogenen Generation. Im Schicksalsjahr 1933 war er 10 Jahre jung und hatte als „Pimpf" des „Führers" Lebenslauf und das „Horst-Wessel-Lied" auswendig zu lernen. Als der Krieg ausbrach, war er 16, als alles verloren war, 22 Jahre jung. Als verwundeter Kriegsgefangener erlebte er die totale Katastrophe. Ende und Anfang. Eine prägende Zeit, die einen Menschen zerstören, aber auch aufbauen kann.

Hier erzählt jemand, der das alles erlebt hat, jemand, der Orientierung suchte und schließlich fand, der Familie gegründet und Kindern gesagt hat, wie alles war und wie alles weiter gehen kann.

Heinz Kamp erzählt sein Leben. Man hört ihm gerne mit Anteilnahme und Gewinn zu.

Vom Hitlerjungen zum Freimaurer

Lebenserinnerungen
von Heinz Kamp

Bibliografische Information der Deutschen Nationalbibliothek
Die Deutsche Nationalbibliothek verzeichnet diese Publikation
in der Deutschen Nationalbibliografie; detaillierte bibliografische Daten sind im Internet über www.dnb.de abrufbar.

Herstellung und Verlag: BoD – Books on Demand, Norderstedt
ISBN 9783732243730

Inhalt

P r o l o g

Vor mehreren Jahren, es muss etwa 2004/2005 gewesen sein, saß ich am Computer und gab das Stichwort "Lebenserinnerungen" ein. Unter den vielen Hinweisen gefiel mir einer besonders. Ein John Ruskin soll 1840 geschrieben haben:

"Es ist eine große Last, ein Tagebuch zu führen, aber auch eine große Freude, es geführt zu haben."

Ich gehöre zu den Menschen, welche diese Last immer gemieden haben. Jetzt, im Alter, fehlt mir diese „große Freude". Erst spät begann ich, auf Zettel Erinnerungen verschiedenster Art aufzuschreiben. Ferner Tatsachen, an die ich mich gut erinnerte, auch Vorkommnisse, welche in der Erinnerung ein wenig geschönt oder dramatisiert wurden, fanden Platz auf einem Zettel, Heiteres und Ernstes. Diese Zettel enthalten auch Erinnerungen an Ereignisse, welche mich damals stark belasteten und drohten, mich aus der Bahn zu werfen. Beim Schreiben hatte ich Gelegenheit, über begangene Fehler und schlechte Gewohnheiten nachzudenken. Um mich davon zu befreien, schrieb ich sie auf. Das Aufschreiben meiner Lebenserinnerungen ist auch eine Art Beichte mit der Bitte um Vergebung an viele Unbekannte, wenn ich sie gedemütigt, irrtümlich beschuldigt, verängstigt oder um meines Vorteils willen betrogen habe. Besonders während des Krieges und in der Gefangenschaft war die Selbstsucht sehr groß.

Eine Schilderung meiner Person könnte gut mit einer Schilderung meiner Nerven beginnen. Stunden- oder auch tagelang schlummert eine Empfindlichkeit in mir, verborgen, niemand nimmt sie war. Plötzlich genügt ein kleiner Anlass, um aufschreiend und unkontrolliert zu reagieren. Die Umwelt ist dann zumeist geschockt. Diese Hitzköpfigkeit aus der Jugendzeit hat sich im Laufe des Lebens aber sehr verringert. Nach Rückkehr aus der Gefangenschaft war ich ganz klein und fühlte mich wie ein Nichts. Die Rückkehr in ein normales Leben fand ich ganz langsam durch den Rückhalt im Elternhaus und durch die Liebe meiner späteren Frau. Jahre später lernte ich dann durch meine Logenzugehörigkeit, weniger intolerant und weniger heftig zu werden, wenn es einmal Meinungsverschiedenheiten gab. Ich wurde immer mehr ein Mann des Dialogs, nicht der Kontroverse. Die Fähigkeit, im Gespräch auf einander zuzugehen und Argumente auszutauschen, kam mir später auch im Berufsleben sehr zustatten und ist die Grundlage des brüderlichen Zusammenlebens in der Loge.

Als ich 1960 in die Loge aufgenommen wurde, hatte ich einen großen Wissensdurst nach Dingen außerhalb meines Berufes. Ich hörte und las zahlreiche Vorträge über mir bis dato unbekannte Themen religiöser und philosophischer Art. Mein Interesse war geweckt, weshalb ich einige Jahre später gern das Angebot annahm, im AASR (Alten angenommenen Schottischen Ritus) aufgenommen zu werden. Ich konnte dort in den Graden 4 bis 32 meinen Wissenskreis erweitern und festigen. Auch war ich nunmehr in der Lage, selbst mal kleinere Vorträge in der Loge zu halten.

„Über Zeitgenossen und die Zeit" lautete mein erstes Thema. „Hoffnung auf Gerechtigkeit", „Die Synthese von Wissen und Gewissen", „Gefühle in unserer rational gestalteten Welt", „Arbeit im Wertewandel der Zeiten" und noch viele andere Themen durfte ich vortragen. Durch die anschließenden Diskussionen und Wortbeiträge wurden die Themen vertieft, und alle Brüder und ich hatten wieder Gelegenheit, unser Wissen zu erweitern.

Schon vor vielen Jahren sprach ich einmal zum Thema „Den Tod überwinden". Die Beschäftigung damit war für mich unerwartet aktuell.

Eines Abends kam mein Sohn wie üblich noch zu mir ins Büro, um „Gute Nacht" zu sagen. Oftmals kamen wir dann ins Gespräch über Dinge, welche uns am Tage begegnet waren. Eines Abends wurde mir die Frage gestellt: "Der Sinn des Lebens ist doch wohl der Tod?". Ich wusste, dass sein Schulfreund sich vor einigen Tagen das Leben genommen hatte und war entsprechend erschrocken. Was hätte ich wohl sagen können, wenn ich nicht schon einige Jahre zuvor mich auch mit religiösen Fragen beschäftigt hätte? An dem Abend haben wir lange miteinander gesprochen. Weit nach Mitternacht kam meine Frau und meinte sehr bestimmt, dass es nun Zeit sei, ins Bett zu gehen.

Auch in vielen anderen Dingen des täglichen Lebens ist mir das in der Loge erarbeitete Wissen wichtig geworden. In den Jahren nach Rückkehr aus der Kriegsgefangen-

schaft hatte ich reichlich damit zu tun, die inneren
Konflikte meiner Kindheit und Jugend zu lösen. Als was
und zu was war ich in der Schule und in der Hitlerjugend
erzogen worden? Lange Zeit hatte ich die innere Angst,
über den erstbesten Strohhalm meiner Vergangenheit zu
stolpern. Auch unter diesem Gesichtspunkt war ich
bestrebt, mir keine Feinde zu machen. Bald erkannte ich,
dass es auch unter normalen Gesichtspunkten zumeist von
Vorteil ist, wenn man nicht immer das letzte Wort
behalten will. Je älter ich werde, desto mehr halte ich es
nicht für notwendig und auch nicht verdienstvoll, immer
in vorderster Front zu stehen. Je mehr ich dem Ende
meines Lebensweges näher gekommen bin, desto mehr
zeugt es nach meiner Auffassung von Weisheit, wenn man
nicht immer Recht haben will. Altersstarrsinn führt leicht
zur Vereinsamung, weil er den Umgang mit den nächsten
Generationen erschwert. Mehr wohlwollender Betrachter
zu sein, bringt eher Sympathien.

In Gedanken steige ich jedes Lebensjahr wie in einem
Theater auf einen höheren (billigeren) Besucherrang,
dorthin, von wo aus die Eindrücke der Schauspieler (die
Eindrücke des Lebens) undeutlicher werden und nicht
mehr so wichtig in den Einzelheiten. Eine gewisse
Sanftmut, aber nicht Gleichgültigkeit bestimmt mein
Wesen jetzt im Alter. Aber bis dahin war es ein weiter
Weg voller Tiefen aber auch Höhen. Den möchte ich, so
gut es die Erinnerung zulässt, beschreiben.

Geburt in Hannover

Die ersten Lebensjahre eines Kindes und auch die
spätere soziale Entwicklung werden wesentlich
durch die drei **W** bestimmt:

Wann geboren? **Wo** geboren? Von **wem** geboren?

Wann geboren?

Geboren wurde ich am 14. März 1923. Das Jahr 1923
war ein wirtschaftlich, sozial und politisch besonders
turbulentes Jahr. Die Inflation hatte ihren Höhepunkt
erreicht. Am 12. November ernannte Reichspräsident

Friedrich Ebert den Bankier Hjalmar Schacht zum
Reichswährungskommissar. Diesem gelang es, eine
Rentenmark zum Kurs von 4,2 Billionen Papiermark = 4,2
Bill. Goldmark = 4,2 Rentenmark = 1 Dollar einzuführen
und sich internationale Anerkennung zu verschaffen. Am
20.11.1923 endete die Nachkriegsinflation, welche einige
reich, die meisten aber arm gemacht hatte.

Meine Mutter erzählte mir später, dass gegen Ende der
Inflation Großbetriebe wie Continental und Hanomag
selbst „Geldgutscheine" drucken durften, da die staatliche
Druckerei mit dem Druck von Geld nicht nachkam. In der
letzten Zeit wurde der Tageslohn jeden Vormittag
ausbezahlt, den die Frauen am Fabriktor abholten, um
noch ein paar Lebensmittel zu kaufen. Mittags um 12 Uhr
wurde der neue Dollarkurs bekannt gegeben, und dann
war das Geld vom Vormittag fast schon wertlos. Kurz vor
Ende der Inflation kostete ein Brot 100 Mrd. Mark und
ein Liter Vollmilch 26 Mrd. Mark Die letzten 2 – 3 Jahre
vor Ende der Inflation waren in den Städten ausgespro-
chene Hungerjahre.

Auch meine Eltern hatten wenig zu Essen. Oft hat
meine Mutter im Milchladen gestanden und um Milch
gebettelt, denn sie konnte nicht stillen und hatte Angst,
dass ich verhungere. Ich habe dann laut geschrien und
meine Mutter bekam etwas Milch geschenkt, denn das
Geld, welches mein Vater am Tag zuvor als Lohn erhalten
hatte, war nichts mehr wert. Oft kam es in den Läden zu
stürmischen Protesten und Tumulten. In Bäckerläden
musste die Polizei einschreiten. Besonders in Berlin kam
es zu sehr blutigen Krawallen. Zwischen September 1918
und Juni 1924 ermordete Fritz Haarmann, der „Metzger
von Hannover" etwa 50 Männer und verkaufte das
Fleisch. Beim Massenmörder Karl Denke in Münsterberg
fand die Polizei 1923 mehrere Behälter mit gepökeltem
Menschenfleisch. Erst nach und nach wurden die
Lebensverhältnisse in den folgenden Jahren normal.

Wo geboren?

In Hannover! Ich bezeichne dies als Glücksfall. Hannover war schon 1923 eine Großstadt im Schnittpunkt
alter Handelswege von Ost nach West und von Süd nach
Nord. International bekannte Firmen hatten und haben
z.T. noch heute ihren Sitz in Hannover. Mehrere

Hochschulen, Museen und Theater gab es schon zu meiner Jugendzeit. Hannover, die Großstadt im Grünen hatte schon immer einen hohen Wohnwert.

Von wem geboren?

Als ich geboren wurde, war meine Mutter fast 40 Jahre alt und seit 14 Jahren verheiratet. Ich war ihr erstes und blieb ihr einziges Kind. Meine Eltern stammten aus der Grafschaft Bentheim. In Schüttorf besaßen sie ein kleines Haus mit Garten und etwas ererbtem Ackerland, welches verpachtet war. Mein Vater war als Dreher ausgebildet und arbeitete dort in einer Firma, welche das städtische Elektrizitätswerk erbaute. Nach und nach erhielten Betriebe und Wohnhäuser in den Jahren ab 1902 Strom und mein Vater musste die ersten Leitungen mit verlegen und Masten errichten. Von Oktober 1903 bis Oktober 1905 diente er als Soldat beim 1. Garderegiment zu Fuß in Potsdam, worauf er besonders stolz war.

Meine Mutter stammte aus ärmlichen Verhältnissen. Sie hatte 12 Geschwister. Ihr Vater war Weber in einer dortigen Weberei. Durch einen Unfall (ein „Weberschiffchen" löste sich aus der Webmaschine und traf ihn am Kopf) musste er den Rest seines Lebens im Krankenhaus verbringen. Mit 14 Jahren arbeitete meine Mutter dann in der Weberei, um etwas zum Unterhalt der Familie beizutragen. Als 17-jährige fand sie Aufnahme bei einer wohlhabenden Familie als Hausmädchen und lernte Hauswirtschaft und Kochen von der dort beschäftigten Köchin. Auch in Handarbeiten wurde sie unterrichtet. Später hat sie junge Mädchen unterrichtet.

Ich habe meine Mutter als frohe Frau in Erinnerung. Sie sang oft bei der Hausarbeit und ich sang mit. Es waren die typischen Lieder in der Küche zu singen, zum Beispiel „Mariechen saß weinend im Garten" oder das Lied vom Heideröslein und von den Blättern, welche müd vom Baum fallen. Wenn sie einmal etwas sentimental wurde, sang sie von den Küssen im Rosengarten von Sanssouci. Das hing wohl damit zusammen, dass sie meinen Vater in Potsdam besucht hat, während er dort Soldat war. Gern und oft wurden auch Karnevalsschlager gesungen. Ein Verwandter, mein Onkel Willi, schickte während der Karnevalszeit bunte Postkarten mit Schlagertexten.

Da wir schon in den 20er Jahren ein Radio hatten, kannten wir auch die Melodien. Manche Texte wurden in Mundart gesungen, so lernten wir „Kölsch". In einem Schlager hieß es: "Bei Psalms da ist die Piep (Schornstein) verstoppt, nun häfft die arm Frau Psalm, die ganze Stuv voll Qualm." Ich dichtete: „Bei Kamps da ist die Piep verstopft, nun hätt die arm Frau Kamp, die ganze Bux voll Damp." Da flog mir der Wischlappen, den meine Mutter gerade in der Hand hatte, mit Wucht ins Gesicht und ich fing an zu weinen. Der Ärger meiner Mutter war schnell vorbei. Sie nahm mich in den Arm und wir beide haben dann gelacht.

Kindheit bei den Eltern

Meine Eltern heirateten am 3.9.1909. Mein Vater arbeitete im Elektrizitätswerk bis zum Ausbruch des 1. Weltkrieges. Am 7.8.1914 wurde er wieder Soldat und kam im Westen sofort zum Fronteinsatz. Überraschend wurde er im Januar 1917 von der Front zurückbeordert, um bei der Firma Gebr. Körting in Hannover als Vorarbeiter in der Rüstungsindustrie zu arbeiten. Er war Einrichter der Drehbänke, welche dann von Frauen weiter bedient wurden.

Meinem Vater gefiel das Leben in der Großstadt. Für Gartenarbeiten konnte man ihn noch nie so recht begeistern (lt. Auskunft meiner Mutter). Eine Eigenschaft, die ich geerbt habe(!). Auf Betreiben meines Vaters wurde der Wohnsitz schließlich nach Hannover verlegt. Haus und Acker wurden verkauft. Der neue Eigentümer machte eine Anzahlung und die erhebliche Restzahlung sollte innerhalb von 5 Jahren erfolgen.

Das war 1919. Am 15. August 1921 kommt es zu einem drastischen Kursverfall der Mark. Der Wert des US-Dollars steigt auf 88 Mark an. Von da an erhöht sich das Tempo der Inflation. Löhne und Preise steigen rasant. Im Dezember 1922 erhalten meine Eltern ein Paket mit geräucherter Wurst und geräuchertem Fleisch. Damit konnte der Käufer des Grundstücks den Restkaufpreis bezahlen.

1919/20 sind die Wohnungsverhältnisse in Hannover sehr schlecht. Lediglich ein Zimmer hinter einem

Kolonialwarengeschäft steht zur Verfügung. Erst nachdem ich geboren bin, besteht Anspruch auf eine Wohnung. Diese erhalten meine Eltern dann im gleichen Haus.

Mein Vater fand in Hannover schnell einen Arbeitsplatz. Die Continental brauchte einen Formendreher. Um Autoreifen produzieren zu können, braucht man entsprechende Formen, in denen die Rohlinge geheizt werden. Die Arbeit an der Drehbank verlangt hohe Konzentration und viel Fingerspitzengefühl. Computer gesteuerte Drehbänke gab es damals noch nicht. Für die Arbeit an der großen Kopfbank gab es nur zwei Spezialisten. Einen weiteren bildete mein Vater aus. Während Arbeiter normalerweise bei Erreichen des 65. Lebensjahres entlassen werden, durfte mein Vater noch zwei Jahre länger arbeiten und Geld verdienen. Betriebsrenten gab es damals noch nicht.

Meine Mutter war sehr fürsorglich und verwöhnte mich mehr als für mich gut war. Vor allem in meinen ersten Lebensjahren wird es sehr schwierig gewesen sein, die notwendigen Lebensmittel zu bekommen. Die Inflation hatte 1923 ihren Höhepunkt erreicht. Selbst Lebensmittel wurden nur widerwillig verkauft. Vielleicht war ich dadurch ein für Krankheiten sehr anfälliges Kind. Dauernd war ich erkältet und hustete. Während der Schulzeit bekam ich eine chronische Bronchitis und musste alle paar Monate zur Tuberkulose-Fürsorgestelle. Ich erhielt Höhensonnenbestrahlung. Mit 8 und 9 Jahren kam ich zur Erholung in Kinderheime in Salzhemmendorf und Lüneburg, später auch noch mal in Spiekeroog. Das fand ich natürlich toll. Von Schulfreunden wurde ich beneidet, denn Urlaubsreisen waren derzeit für uns unbekannt. In den Ferien kam man im günstigsten Fall zu Verwandten aufs Land.

Meinen Vater habe ich als einen ruhigen, wortkargen Mann in Erinnerung. Dabei war er immer freundlich und hilfsbereit. Fäkalsprache war ihm fremd. Selbst beim Schimpfen fand er noch gemäßigte Worte. Wutausbrüche und Anschreien habe ich nicht erlebt. Auch haben sich meine Eltern, zumindest in meiner Gegenwart, nicht gezankt. Im ruhigen aber bestimmten Ton sagte mein Vater, was ich tun oder unterlassen sollte. Er half mir beim Spielen mit kleinen Bausteinen und später, als ich schon größer war, zeigte er mir, worauf es ankommt, wenn man elektrische Leitungen verlegt und Steckdosen einbaut. Er erklärte mir Plus- und Minuspol und ich lernte, welche Farbe die Erdleitung hat. Mein Vater war auch Radiobastler. Schon Ende der 20er Jahre hatten wir einen Dreiröhrenempfänger mit einem großen Grammophontrichter als Lautsprecher. Während der Hitlerzeit konnte er damit Radio Beromünster empfangen. Das durfte niemand wissen. Auch zu mir sprach er nicht darüber.

Einmal habe ich von ihm eine kräftige Ohrfeige erhalten. Das kam so. Brav hatte ich als 14-jähriger meine kaufmännische Lehre bei der Continental begonnen. Ich war wohl so etwas über 15, als ich nebenbei noch Ansager bzw. Moderator beim Kabarett werden wollte und heimlich schon einmal eine Schauspiel- und Bühnentanzschule besucht hatte. Das kostete aber Geld, weshalb ich zunächst mit meiner Mutter darüber sprach. Die wollte nicht entscheiden und schickte mich zu meinem Vater. Der war strikt dagegen. Ich bin dann wohl zu aufmüpfig und frech geworden. Jedenfalls wurde die Diskussion durch die erste und einzige Ohrfeige beendet. Beendet wurde damit auch meine „künstlerische" Laufbahn.

Kindheit und Beginn des Dritten Reiches

Bei den erneuten Wahlen zum Deutschen Reichstag 1932 im November erhält die

- NSDAP   196 Sitze
- SPD   121 Sitze
- KPD   100 Sitze
- Zentrum   70 Sitze
- Nationale Volkspartei   52 Sitze

Obwohl die NSDAP erhebliche Stimmenverluste hinnehmen musste, berief Reichspräsident v. Hindenburg daraufhin am 30. Januar 1933 Adolf Hitler zum Reichskanzler.

Am 14. März 1933 wurde ich 10 Jahre alt. Kurz zuvor war für meinen Vater die Kurzarbeit vorbei. Er war wieder voll bei der Continental als Formendreher beschäftigt. Ich merkte, dass es finanziell etwas besser ging. Bei Familienfeiern wurde ich mit einem großen gläsernen Bierkrug zur benachbarten Gaststätte geschickt um Bier zu holen. Während der Krug gefüllt wurde, bekam ich vom Wirt ein kleines Glas dunkles Bier spendiert. Ich freute mich immer, wenn Besuch kam (!).

Gegen Ende des Jahres 1933 ging meine Mutter mit mir zum Aufnahmebüro der Hitlerjugend. Da ich erst 10 Jahre alt war, wurde ich zunächst „Pimpf". Hitler-Junge wurde man erst mit 14.

Zu Hause änderte sich in diesem Jahr ansonsten nichts. Über Politik wurde nicht gesprochen. Mein Vater war in keiner Partei, nur in der Gewerkschaft und diese wurde nun „Deutsche Arbeitsfront".

In der Schule war das anders. Schon 1930/31 hatte unsere Klasse einen neuen Klassenlehrer bekommen, einen fanatischen Anhänger von Feldmarschall Ludendorff. Vor allem seine Frau, Dr. Mathilde Ludendorff, verbreitete Hetzschriften wie z. B. die Monatsschrift „Am Heiligen Quell Deutscher Kraft". Diese Hefte waren der bevorzugte Lesestoff in unserer Klasse. Ob im Deutsch- oder Geschichtsunterricht, immer bekamen wir zu hören, dass alle Not und alles Elend in der Welt, Betrug, hohe Preise, Attentate und Krieg verursacht würden von den Juden, Jesuiten und Freimaurern, diesen internationalen Dunkelmächten. Nach der Machtergreifung durch die Nationalsozialisten wurde diese Art der Unterrichtung noch verstärkt. Wir hörten viel von der Überlegenheit der germanischen Rasse. Der erste Weltkrieg ist nur verloren gegangen, weil kommunistische Verräter die kämpfende Truppe demoralisiert und verraten haben, das „Diktat von Versailles" und die nachfolgende Inflation ein Werk der internationalen geheimen Mächte und des Geld-Judentums.

Der normale Unterricht endete mittags. Freiwillig konnten wir aber noch an einigen Nachmittagen zur Schule kommen. Um seinen Einfluss zu verstärken, gab unser Klassenlehrer noch Flötenunterricht, lehrte Schachspielen und spielte Völkerball mit uns. Er war beliebt wie kein anderer. Der Religionslehrer, welcher eine Stunde pro Woche in unsere Klasse kam, hatte keine Chance. Nach der Religionsstunde erläuterte unser Klassenlehrer die Bibel auf seine Art. Schuld waren immer die Juden und im Alten Testament fand er auch immer

Stellen, die nicht gerade schmeichelhaft für das Judentum sind.

Bei mir machte sich immer öfter ein Erbfehler bemerkbar. Wie schon mein Großvater und Vater hatte ich in der Kindheit und auch noch in der Jugendzeit sehr leicht Nasenbluten. Es bedurfte nur eines Anlasses wie leichte Erkältung mit etwas Fieber oder körperlicher Anstrengung, wie z.B. beim Sport, und schon begann meine Nase zu bluten. Ich war etwa 7 Jahre alt. Eine fieberhafte Bronchitis hatte ich in etwa überstanden, als am Abend das Nasenbluten einsetzte. Meine Mutter versuchte vergeblich, mit den üblichen Mitteln (kalte Umschläge auf Stirn und Nacken) das Bluten zu beenden. Per Telefon (im Hause wohnte der Inhaber eines Schuhgeschäftes, welcher schon ein Telefon besaß) rief sie den Arzt an, welcher nur unwillig nach vielem Betteln kam (wegen Nasenbluten?). Wegen des hohen Blutverlustes waren meine Hände und Beine schon bleich geworden. Der Arzt schob zunächst einen und danach noch mehrere Gazestreifen, welche mit einem Medikament angefeuchtet waren, in das Nasenloch. Das Bluten hörte dann auf. Gegen Morgen rutschte dann ein Gazestreifen in den Rachenraum und legte sich vor die Luftröhre. Ich drohte zu ersticken. Diesmal kann der Arzt sehr schnell. Mein Vater war auf Nachtschicht, meine Mutter mit ihrer Angst und Sorge allein. Später hat sie mir diese Begebenheit so ausführlich geschildert.

Weshalb ich diese Begebenheit so ausführlich schildere? Nasenbluten hat großen Einfluss auf mein Leben gehabt. Als Kind wurde ich durch allzu große Fürsorge verweichlicht. In der Schule durfte ich am Sport nur beschränkt teilnehmen. Mit den übrigen Kindern auf der Straße spielen und herumtoben endete meist auch mit Nasenbluten. Zwangsläufig wurde ich ein ruhiger, unsportlicher Typ und bin es auch geblieben. Gerechterweise muss ich sagen, dass mich dieser Umstand nie sonderlich belastet hat. Auch jetzt noch, bis ins hohe Alter, bekomme ich noch leicht Nasenbluten. Während des Krieges haben Nasenbluten und meine Unsportlichkeit sich sehr positiv für mich ausgewirkt. Doch davon später.

Als Pimpf machte ich die Heimatabende gern mit. Es wurden Volkslieder gesungen aber auch Texte wie: "Wir werden weiter marschieren, bis alles in Scherben fällt". Das ist dann ja auch passiert. Als 10-jähriger hat man nicht darüber nachgedacht. Jetzt, wenn ich dieses niederschreibe, kommt mir der Gedanke, dass uns damals bewusst das Nachdenken abgewöhnt worden ist. Selbst im alltäglichen Lebensablauf war alles geregelt und vorgeschrieben. Nur auf Befehl oder Anordnung wurde gehandelt. Von der Außenwelt wurden wir weitestgehend abgeschirmt. Ein Radio hatten nur wenige und wenn war es ein Volksempfänger, welcher nur das örtliche Programm empfangen konnte. Als Pimpf musste man den Lebenslauf des Führers Adolf Hitler auswendig lernen und das Horst-Wessel-Lied. Wir mussten aber auch schon exerzieren und marschieren. An Wochenenden wurde gewandert und gezeltet. Lagerfeuerromantik - das war nicht so nach meinem Geschmack. Mit Hinweis auf mein Nasenbluten konnte ich mich davor drücken.

Vom Hitlerjungen zum Ordensritter - ein weiter Weg

Dieses „davor drücken" kam mehr auf Grund meiner Bequemlichkeit und nicht etwa aus politischer Überzeugung. Auch noch als 10/12-jähriger hatte ich wie viele meiner Altersgenossen keine politische Überzeugung. Zu den sogenannten Heimatabenden kam zwar hin und wieder ein HJ-Führer oder auch mal der Ortsgruppenleiter der NSDAP. Diese erzählten uns etwas über den „Schandvertrag von Versailles" und von den geraubten Kolonien. Und den Weltkrieg hatten wir auch nur verloren, weil die Kommunisten unseren tapferen Soldaten in den Rücken gefallen sind und Sabotage verübt haben. Das klang alles sehr glaubwürdig und beeindruckte uns sehr. Wir lernten Schlagwörter wie „Gemeinnutz geht vor Eigennutz" und „Du bist nichts, Dein Volk ist alles!" Das fanden wir gut. Wir hörten, dass es Volksdeutsche gibt. Das waren Deutsche, welche außerhalb unseres Staates lebten und für die hin und wieder gesammelt wurde. Viele Volksdeutsche lebten in Gebieten, welche uns durch den Versailler Vertrag „geraubt" worden waren. Dieses Unrecht musste beseitigt werden!

Man sagte uns, dass wir zu den Indogermanen gehören und dass diese ein besonders gutes Erbgut haben. Alle anderen, insbesondere die Juden, wären eine minderwertige Rasse. Auch über die Juden und deren „Zinsknechtschaft" hörte ich in der Volksschule auch schon vieles. Frau Dr. Mathilde Ludendorff lässt grüßen.

Ich erinnere mich daran, dass es einmal eine große Aufregung gab, als der „Verräter Röhm" erschossen wurde und sogar einige SA-Leute ins KZ kamen. Uns wurde erzählt, dass die KZs Arbeitslager für Volksfeinde sind und die meisten Juden auch dazu gehörten. In der Schule hatten wir in unserer Klasse auch einen Juden. Ich erinnere mich nicht, dass wir diesen beschimpft oder gar geschlagen haben. Mit dem redete man selten und spielte auch nicht mit ihm. Wir spielten auch nicht mit den Kindern von der katholischen Schule und auch nicht mit denen von der Freidenkerschule.

Einen Juden kannte ich recht gut. Er hatte bei uns in der Nähe einen kleinen Tabakladen. Es war ein älterer Mann mit Vollbart. Ich wunderte mich darüber, dass er im Laden immer einen Hut auf hatte. Er war immer sehr freundlich zu mir und gab mir einen Bonbon, wenn ich freitags für meinen Vater Tabak kaufte und hin und wieder auch mal ein Päckchen Stumpen. Die rauchte mein Vater nur sonntags oder wenn wir Besuch hatten. An einem Heimatabend bekamen wir große Pappplakate, die wir uns um den Hals hängen sollten. Darauf stand: "Hier kauft kein anständiger Deutscher". Am nächsten Tag musste ich mich mit diesem Plakat vor das Tabakgeschäft stellen. In der Nacht hatte jemand auf der Fensterscheibe einen großen Judenstern gemalt und „Jude" darauf geschrieben. Ich stand da recht unglücklich und schämte mich auch ein wenig. Der alte Mann war doch immer so nett zu mir. Als der Fähnleinführer außer Sicht war, lief ich mit dem Plakat nach Hause.

Dadurch, dass es evangelische, katholische und Freidenkerschulen gab, kam es zu den entsprechend verschiedenen Kinder- und Jugendlichengruppen. Ohne dass es uns Kindern so richtig bewusst war, gab es diese Trennung, welche sich in den Elternhäusern fortsetzte. Zumeist im Umkreis einer katholischen Kirche gab es Stadtviertel mit überwiegend katholischen Bürgern. Sowohl die Erwachsenen als auch die Kinder blieben zumeist unter sich. Bei mir in der Nordstadt gab es noch die „Straßenkloppe". Kinder aus einigen evangelischen Straßen taten sich zusammen und stürmten in eine katholische Straße. Das geschah mit viel Geschrei und manchmal gab es auch Raufereien. Einige Zeit später war es dann umgekehrt und wir evangelischen Kinder flüchteten in die Häuser, wenn wir in der Minderzahl waren. Das war in den Jahren vor 1933 und änderte sich durch die Mitgliedschaft im Jungvolk und der Hitlerjugend. Da wurde nicht nach der Konfession gefragt.

Was man vor allem als Kind, aber auch als Jugendlicher kaum merkte, war die nach und nach eintretende Entfernung vom christlichen Glauben. Ich ging zwar zum Konfirmandenunterricht und wurde 1937 konfirmiert, aber der Kirchgang war mehr eine Pflichtübung mit wenig Begeisterung. Der Abstand zur Kirche vergrößerte sich dann vor allem durch den Sonntagsdienst der Hitlerjugend, welcher zur Kirchzeit stattfand.

Die sogenannten Heimabende wurden immer mehr zur politischen Schulung genutzt. Aber auch in der Öffentlichkeit wurde in den Jahren ab 1936 verstärkt voller Hass über die Volksfeinde wie Juden, über die „internationalen Mächte" (Juden, Jesuiten, Freimaurer) und die „Zinsknechtschaft" berichtet. Franzosen waren unsere „Erzfeinde". Sie hatten uns Elsaß-Lothringen und das Saarland „geraubt". Die Engländer waren auch nicht viel besser, denn sie hatten unsere Kolonien „gestohlen". Auch Russland war unser Feind. Ich erinnere mich an eine Wanderausstellung. Auf dem Klagesmarkt standen zwei lange Wagen in denen gezeigt wurde, wie die Russen ihre Nachbarvölker unterdrücken und eine Schreckensherrschaft mit zahlreichen Toten errichten. Uns wurde eingeimpft, dass wir von Feinden umgeben sind welche nur auf einen geeigneten Schwächemoment warten, um uns zu vernichten.

Über meine Zeit als Pimpf weiß ich wenig zu berichten. Eine Zeitlang war ich im Spielmannszug und habe taktvoll eine Landsknechtstrommel geschlagen. Eine Fanfare konnte ich nicht blasen. Da machten meine Bronchien nicht mit.

In der Hitlerjugend wurde ich verhältnismäßig schnell befördert. Schon mit 15 wurde ich Hauptscharführer und trug zur Uniform eine schwarz-grüne Kordel. Vermutlich erfolgte die Beförderung so schnell, weil ich eine Schreibmaschine besaß. Als Hauptscharführer hatte ich Aufgaben wie Mitgliederlisten führen, Beiträge kassieren und mit der Standortverwaltung abrechnen. Ich durfte Mitgliedsausweise ausstellen und hatte einen schönen runden Stempel als Dienstsiegel (wie ein Notar). Alles was für unser Fähnlein mit „Schreibkram" und Verwaltung zu tun hatte, war meine Sache. Das war zwar etwas zeitaufwändig, hatte aber auch Vorteile. Wenn Exerzieren, Geländedienst, Gepäckmarsch und ähnliche unangenehme Dinge auf dem Dienstplan standen, hatte ich dringende Arbeiten in meinem kleinen Büro zu erledigen. Insofern war ich recht zufrieden und hatte immer noch Zeit für meine berufliche Ausbildung als kaufmännischer Lehrling bei der Continental.

Eines Tages bekam ich den Befehl, mich bei der Standortverwaltung zu melden. Ich wurde zum Gebietsführer geführt. Dieser lobte meine Arbeit als Hauptscharführer und machte mir ein Angebot. Ich könnte die freigewordene Stelle eines hauptamtlichen Geschäftsführers der Standortverwaltung bekommen. Vom Arbeitsdienst würde ich freigestellt. Mit einer Einberufung zum Wehrdienst (es war ja inzwischen Krieg) müsste ich erst in etwa 3–4 Jahren rechnen. Anfangsgehalt 150 Mark. Bei der Conti bekam ich als Angestellter 120 Mark. Als 17-jähriger, welcher gerade seine Lehrzeit beendet hatte, stand ich nun vor einer schwierigen Entscheidung. Ich sprach mit meinem Vater, welcher nicht ja und nicht nein sagte. Meine Mutter war sehr dafür („Junge, dann musst Du nicht gleich in den Krieg"). Obwohl er für mich nicht mehr zuständig war, hatte mein Ausbildungsleiter von der Continental Zeit für ein längeres Gespräch mit mir.

Anfangs war ich vom Angebot begeistert. Je länger ich darüber nachdachte, desto weniger gefiel mir die ganze Sache. Der Ausbildungsleiter hatte darauf hingewiesen, dass mir innerhalb eines so großen Unternehmens viele Möglichkeiten einer beruflichen Zukunft offen stehen. Es klingt absurd, am Angebot gefiel mir vor allem nicht, dass ich den ganzen Tag in der Uniform eines höheren HJ-Führers hätte herumlaufen müssen.

Das Angebot einfach abzulehnen, war gefährlich. Ich musste auf jeden Fall vermeiden, dass der Eindruck entsteht, ich hätte politische Gründe. Doch das Schicksal kam mir entgegen.

Schule und Beruf

Als ich so 12/13 Jahre alt war, begannen meine Eltern, sich um meine berufliche Zukunft Sorgen zu machen. Handwerklich war (und bin) ich nicht sonderlich begabt. Vor allem meine Mutter war mehr für einen kaufmännischen Beruf und wurde aktiv. Sie meldete mich bei der „Privaten Fortbildungs-Schule" in der Burgstraße an. Drei Kurse wurden belegt: Kaufm. Rechnen, Stenographie und Schreibmaschine. Der Unterricht fand am späten Nachmittag und teilweise auch abends statt. Ich war so ziemlich der Jüngste in den Kursen. Die meisten hatten schon eine Lehrstelle und brauchten Nachhilfe. Einige „Ältere" (so um die 20) bereiteten sich auf die Meisterprüfung vor. Anfangs war ich nicht begeistert. Dreimal in der Woche Abendunterricht, zweimal Dienst als Pimpf, und Schularbeiten mussten auch noch gemacht werden. Oftmals wurde die Abendschule aber auch als Entschuldigungsgrund anerkannt, wenn ich nicht zum Dienst bei den Pimpfen kam. Als ich nach mehreren Unterrichtsstunden schon recht gut Stenographie schreiben konnte, habe ich in der Klasse damit angegeben. Ich konnte eine „Geheimschrift"!! Da staunten meine Mitschüler.

Als der Lehrer beim Geschichtsunterricht uns etwas von Friedrich dem Großen und Preußen erzählte, hatte ich meinen Stenoblock auf dem Tisch liegen und schrieb mit. Plötzlich rief der Lehrer: "Heinz, pass auf und mal da nicht rum!" „Ich schreibe mit", antwortete ich und musste nach vorn kommen und meinen Block vorlegen. Der Lehrer war natürlich überrascht und ich musste ein Stück vorlesen. Das klappte und ich durfte mich wieder hinsetzen. Mein Banknachbar zischte: „Du Angeber", womit er noch nicht einmal Unrecht hatte. Geschichtsunterricht erhielten wir von einem „Blutordensträger der NSDAP". Der war schon 1923 (Hitlerputsch) dabei gewesen.

Zu Ostern 1936 wurde die Volksschule in der Schaufelderstraße aufgelöst. Ein Teil der Schüler kam zur

Haltenhoffstraße, der andere zur „Schule Am Kleinen Felde". Zu diesen gehörte ich und freute mich darüber, denn mein Schulweg wurde erheblich kürzer. Die neuen Klassenkameraden kannte ich fast alle. Sie waren auch Pimpfe in der gleichen Gruppe.

Dieses letzte Schuljahr war wesentlich anders als die vorherigen. Klassenlehrer war „Papa Harms". Ein gutmütiger, älterer Herr mit Seehundbart. Wir waren seine letzte Klasse. Er hatte das Pensionsalter erreicht. Im Unterricht war Schluss mit Ludendorff und Judenhetze. Wir lasen „Hermann und Dorothea" von Goethe und mussten einen Teil von Schillers Glocke auswendig lernen. Ich wählte den Abschnitt von der französischen Revolution: „Freiheit, Gleichheit hört man`s schallen,..." Den Vers kann ich heute noch aufsagen. Wir lernten noch etwas Geometrie und „Raumrechnen", wie das damals genannt wurde. Perspektivisches Zeichnen stand auf dem Lehrplan, aber auch „Kunstunterricht". Einmal hatte unser Zeichenlehrer einen Henkelkrug mit Blumen darin auf das Pult gestellt. Zum Abmalen mit Buntstiften. Als ich mein „Kunstwerk" ablieferte, sagte der Lehrer: „Das ist doch keine Blumenvase! Höchstens eine Mitternachtsvase!" Und schon hatte ich eine 4 weg. Im Zeugnis bekam ich aber doch noch eine 3. Die Halbjahreszeugnisse wurden etwas geschönt, denn nun ging es auf Lehrstellensuche.

Bewerbung um einen Ausbildungsplatz

Zuvor konnte man noch an einem Eignungstest im Arbeitsamt teilnehmen. Das war freiwillig, unterstützte aber die Bewerbung. Die Teilnehmer mussten verschiedene praktische Arbeiten ausführen (ich erinnere mich an eine Aufgabe mit einem Support), einen Fragebogen zum Deutsch-Unterricht ausfüllen sowie ein Gedicht abschreiben. Ferner waren einige Rechenaufgaben zu lösen. Da halfen mir die Fächer kaufmännisches Rechnen, Kurzschrift und Maschinenschreiben. Als Berufswunsch hatte ich „Kaufmännische Ausbildung" angekreuzt. Meine praktischen Arbeiten wurden gerade noch mit „ausreichend" benotet, Deutsch und Rechnen mit „gut" und als Ergebnis stand: „Für Berufswunsch geeignet". Das war schon 1937 für Volksschüler nicht selbstverständlich. Da waren meine Mutter und ich sehr froh und Vater machte auch ein zufriedenes Gesicht.

Mit einem guten Zwischenzeugnis und einer sehr guten Beurteilung von der Privaten Fortbildungsschule begann ich nun mit der Suche nach einer Lehrstelle. Der handgeschriebene Lebenslauf durfte nicht fehlen. 1937 hatte man zwar als Volksschüler noch Chancen bei Bewerbungen für eine kaufmännische Ausbildung. Anfangs erhielt ich jedoch nur Absagen und sammelte Enttäuschungen. Bei einem Vorstellungsgespräch im Büro der Klosterkammer wurde mir gesagt, für den öffentlichen Dienst würden nur Bewerber mit höherer Schulbildung berücksichtigt.

Schließlich wurde meine Mutter aktiv. Im Haus neben-an wohnte ein unverheirateter Mann. Junggeselle sagte man dazu, obwohl in diesem Fall vom Typ her schon mehr ein Altmeister. Er war bei der Continental als Buchhalter beschäftigt. Dieser Herr kannte mich, denn in jener Zeit wurde fast jeden Sonntag für irgendetwas oder irgendwen gesammelt. Einmal war „Eintopfsonntag", dann für die Volksdeutschen im Ausland oder NSV (Volkswohlfahrt) usw.. Das Sammeln geschah in der Form, dass der Hausbesitzer oder sein Hauswirt eine Liste mit den Namen sämtlicher Mieter erstellen musste. Hinter jedem Namen war ein Feld frei zur Eintragung des Spendenbe-trages. 20 – 30 Pfennig, auch mal 50 Pfennig waren üblich in unserer Gegend. Mit dieser Sammelliste ging der Hauswirt sonntags von Tür zu Tür und sammelte. Das war eine peinliche Angelegenheit, denn jeder konnte nachle-sen, wie viel sein Nachbar gespendet hatte. Nichts zu spenden war kaum möglich. Es konnte sonst passieren, dass der Blockleiter der NSDAP nach dem Grund fragte.

Mein Vater war Vizewirt vom Haus, in dem wir wohn-ten und vom Nachbarhaus. Ihm war es sehr peinlich, mit der Sammelliste überall zu klingeln. Mit dieser Aufgabe wurde daher ich schon mit jungen Jahren betraut. Auf diese Weise lernte mich auch der „Junggeselle" vom Nachbarhaus kennen. Die meisten Mieter fertigten mich gleich an der Tür ab. Dieser Herr aber ließ mich in sein Zimmer kommen, sprach einige Worte mit mir und neben der Spende erhielt ich noch einen Keks oder Bonbon. Er mochte mich wohl. Vermutlich war er sehr einsam und

froh, außerhalb des Berufes einmal mit jemandem
sprechen zu können.

Bei irgendeiner Gelegenheit sprach meine Mutter ihn
an und erzählte von meinem Berufswunsch. Sie erzählte
auch, dass mein Vater schon mehr als 15 Jahre als Dreher
bei der Conti arbeitete. Es stellte sich heraus, dass der
nette ältere Herr in der Hauptbuchhaltung der Conti eine
gehobene Position bekleidete und bereit war, mir ein
Empfehlungsschreiben auszustellen. Um es kurz zu
machen: Meine Bewerbung bei der Conti war erfolgreich.
Ich bekam einen Lehrvertrag. Am 14.März 1937 war ich
14 Jahre alt geworden und 2 Wochen später, am 1. April
begann meine Lehrzeit.

Ausbildung zum Industriekaufmann

Der erste Tag war natürlich sehr aufregend und
begann gleich mit einer Panne. Ich wollte das
Verwaltungsgebäude der Continental in der Vahrenwalder
Straße durch den Haupteingang betreten. Durch einen
Pförtner wurde ich aufgehalten. Erst wenn Sie Prokurist
sind, dürfen Sie diesen Eingang benutzen, wurde mir mit
leicht ironischem Unterton gesagt. Ich eilte zum anderen
Eingang. Dieser war für Angestellte und Arbeiter.
Letztere mussten Stempelkarten benutzen. In einem
Konferenzraum versammelten sich 20 neue Lehrlinge. Wir
wurden von einem Herrn der Geschäftsleitung begrüßt
und unser Ausbildungsleiter, ein Dipl.-
Handelsschullehrer, wurde uns vorgestellt. Anschließend
musste sich jeder Lehrling einzeln mit kurzem Lebenslauf
vorstellen. Das war aufregend und nicht nur ich kam
dabei manchmal ins Stottern. Auf diese Weise erfuhr ich,
dass von uns zwei bereits 22 Jahre alt und Leutnant der
Reserve sind. Für mich fast alte Herren. Sechs weitere
waren 18 – 20 Jahre alt und hatten ihr Abitur geschafft.
Neun hatten mittlere Reife und nur Volksschulausbildung
die restlichen drei Herren. Wir wurden alle mit „Herr"
angeredet, was mich anfangs erheblich irritierte.

Von den älteren Lehrlingen wurden wir drei Volksschüler ziemlich herablassend behandelt. Erst im Laufe der
Jahre normalisierten sich die Verhältnisse. Jede Woche
kamen wir alle in einem Konferenzraum zusammen. Unser

Ausbildungsleiter stellte Fragen zur Ausbildung und unterrichtete in verschiedenen Fächern. Die jüngeren Lehrlinge mussten zweimal pro Woche zur Handelsschule in die Klasse „Industriekaufmann". Auch dort waren wir Volksschüler eine kleine Minderheit. Als „Contilehrling" hatten wir einen kleinen Vorteil. Im Ausbildungsunterricht in der Conti wurde häufig schon einiges besprochen, was später im Unterricht der Handelsschule vorkam.

Es war im zweiten oder auch schon im dritten Lehrjahr, als in der Handelsschule beim Buchführungsunterricht der Lehrer beim Erklären der antizipativen und transistorischen Aktiv- und Passiv-Posten der Bilanz ins Schleudern kam. Beim Conti-Unterricht war das Kapitel in der Woche zuvor durchgenommen worden. Vorlaut meldete ich mich, erklärte den Sinn und schrieb die Buchungssätze an die Tafel. Der Lehrer war blamiert und war mir in Zukunft nicht gerade wohlgesonnen. In meinem Lieblingsfach Buchführung musste er mir trotzdem eine 1 geben. Beim kaufm. Rechnen ließ er dann keine Gelegenheit aus, mir zu zeigen, was ich nicht weiß. Ich habe mir aber vorgenommen, nie wieder so vorlaut zu sein, um mit meinem Wissen zu prahlen.

Während ich in der Handelsschule recht gut mit kam, war es in der Conti nicht immer leicht. Wie erwähnt, waren bis auf zwei alle übrigen Lehrlinge mehrere Jahre älter als ich und hatten vor allem eine höhere Schulbildung. Gerade in den jungen Jahren ist der Unterschied zwischen einem 14-jährigen und einem 18/20-jährigen sehr groß. Unser Ausbildungsleiter kümmerte sich jedoch um uns Volksschüler besonders und war sehr hilfreich.

Die Ausbildung als solche verlief in der Form, dass ein Lehrling für eine bestimmte Zeit dem Bereich eines Prokuristen zugewiesen wurde, welcher dann die Zuweisung zu den einzelnen Abteilungen vornahm. Je nach Umfang des Arbeitsgebietes, aber auch nach unserer Eignung, erfolgte nach einigen Monaten eine Versetzung. Der Lehrling musste sich dann morgens bei einem anderen Prokuristen melden. Aufgrund der Berichte der Abteilungsleiter stellte man fest, dass ich z.B. für den Verkauf nicht besonders geeignet war. In der Exportabteilung konnte man mit mir nicht viel anfangen, da meine Englischkenntnisse, welche ich beim Abendunterricht in der Fortbildungsschule erworben hatte, nicht ausreichten.

In der Abteilung für Statistik fühlte ich mich recht wohl. (Statistik ist wie eine Dame im Bikini. Was man sieht ist sehenswert, was man nicht sieht ist lebenswichtig). Jedenfalls hatte ich schnell begriffen, wie man mit Statistik fast alles beweisen kann, was man möchte.

Die Rechnungsabteilung war im Grunde genommen schrecklich. Da hätte ich nie arbeiten wollen. Die Abteilung bestand aus einem großen Saal. Darin saßen etwa 50 Männer an ihren Tischen mit einer mechanischen Rechenmaschine. Von Hand wurde eine Zahl eingestellt und mittels einer Handkurbel multipliziert oder zu- oder abgezogen. Mittels eines Wagens konnte man die gewünschte Dezimalstelle einstellen. Zu Arbeitsbeginn erhielt jeder Angestellte einen Stapel Lieferscheine, auf denen Anzahl und Preis eingetragen war, evtl. auch ein besonderer Rabattsatz. Jeder Angestellte hatte einen persönlichen Nummernstempel. War der Stapel Lieferscheine gerechnet und gestempelt (damit man später wusste, wer gerechnet hat), kam der Stapel zu einem anderen Kollegen, welcher dann nachrechnen musste. Jeden Tag acht Stunden lang kurbeln. Ein schrecklicher Gedanke für mich.

Danach kam ich zur Hollerith-Abteilung. Dort saßen in einem großen Saal etwa 40 bis 50 junge Mädchen (heute würde man sagen junge Frauen). Leider durfte ich nur eine Woche bleiben. Es genügte aber, um Verabredungen zu treffen. Da Sommer war, trafen wir uns im Lister Bad. Die Arbeit der jungen Damen bestand darin, mit Hilfe einer kleinen Maschine Löcher in Pappkarten zu stanzen. Bestimmte Daten, Beträge, Warennummern usw. wurden von Belegen auf diese Lochkarten übertragen. Mit Hilfe von Sortiermaschinen wurden die Lochkarten z.B. nach Vertreter-Nummern, nach Warenbestandslisten, nach Kunden-Nummern usw. sortiert und danach Listen ausgedruckt. Das war seinerzeit das Modernste.

Nicht mehr ganz so modern war die Parlographen-Abteilung, maschinenmäßig gesehen. Denn auch hier gab es einen großen Saal mit vielen jungen und auch schon etwas älteren Frauen, welche auf ihren Tischen eine mechanische Schreibmaschine stehen hatten und fleißig tippten. Neben der Schreibmaschine stand ein Parlograph. In diesem drehte sich eine Wachswalze, welche ähnlich wie eine Schallplatte mit feinsten Rillen versehen war.

Diese wurde mit einer Membran abgetastet und als Ton über Kopfhörer zugespielt. Die Damen konnten nun hören und (hoffentlich) verstehen, was ein Angestellter in einer der vielen Abteilungen diktiert hatte. Das Diktieren geschah über einen kleinen Trichter. Die Töne wurden der Wachswalze eingeritzt. War der Brief geschrieben, so wurde die Oberfläche der Wachswalze dünn abgeschliffen. Sie war dann wieder zu gebrauchen. Die Diktiergeräte standen in fast allen Abteilungen. Die besprochenen Wachswalzen und Unterlagen wurden in besonderen Umschlägen von Boten abgeholt und zur Parlographenabteilung gebracht. Eilige Korrespondenz habe ich gern persönlich dort abgeliefert (!).

In der Rechnungs-, Hollerith- und Parlographenabteilung waren mehr als 100 Angestellte beschäftigt. Heute genügen vermutlich 10 – 20 Angestellte und leistungsfähige Computer, um den Arbeitsaufwand zu erledigen. Damals bekamen die „Tippmädchen" 120 bis 150 Reichsmark Monatsgehalt. Einem Statistikbuch entnehme ich folgende Durchschnittspreise:

- 1 kg Butter 2,96 RM
- 1 kg. Mehl 0,47 RM
- 1 kg Fleisch 1,60 RM
- 1 Ei -,10 RM
- 10 kg Kartoffel -,90 RM
- 1 kg Kaffee 5,33 RM

Der Durchschnittslohn eines Facharbeiters wird mit -,75 RM pro Stunde angegeben. Bei einer 1938 üblichen Wochenarbeitszeit von 48 Stunden ergibt das einen Wochenlohn von 36,- RM. Um 1 kg. Butter kaufen zu können, musste er also 4 Stunden arbeiten, - wobei ich davon ausgehe, dass es sich um einen Netto-Stundenlohn handelte.

Während der Lehrzeit konnte ich noch mehrere andere Abteilungen kennen lernen. Vielseitig war es im Einkauf (vom Rohgummi bis zur Büronadel) und auch die Werbeabteilung fand ich sehr interessant. Das Schwergewicht meiner Ausbildung betraf aber das Prüfungs- und Rechnungswesen, was sich mit meinen Neigungen auch deckte. In der Kundenbuchhaltung standen zahlreiche Angestellte an Stehpulten. Im Pult waren die Karteikästen mit den Konten. Darüber eine verschiebbare kleine Platte.

Zwischen den Pulten saß ein Angestellter vor einer Buchungsmaschine. Die Buchhalter erhielten zum Arbeitsbeginn einen Stapel Rechnungsdurchschriften, nach Anfangsbuchstaben geordnet. Zu den Rechnungen suchten die Buchhalter nun die Kontenkarte. Beides zusammen erhielt der Buchhalter an der Maschine. Er musste zunächst den alten Kontenstand eingeben, buchte dann die Rechnung und die Maschine errechnete den neuen Saldo und druckte ihn aus. Der Buchhalter am Stehpult erhielt die Unterlagen zurück. Nach Prüfung sortierte er das Kontenblatt wieder ein.

Als etwa 20 Jahre später die EDV-Buchführung eingeführt wurde, waren auch in dieser Abteilung erheblich weniger Buchhalter beschäftigt. Während meiner Lehrzeit kam ich noch zur Hauptbuchhaltung und zur Finanzbuchhaltung. Allerdings mit einem Hindernis. Der zuständige Prokurist lehnte mich ab, da ich keine höhere Schulbildung besaß. Ich ging an diesem Vormittag sehr gedemütigt zum Ausbildungsleiter, welcher telefonisch bereits unterrichtet war. Ich wartete im Vorzimmer. Nach einer Weile durfte ich dann direkt zum Abteilungsleiter der Finanzbuchhaltung gehen, welcher mich als erstes zum Kassierer schickte. Kaum zu glauben, wie viel Bargeld täglich umgesetzt wurde.

Ich kam dann auch noch zur Hauptbuchhaltung, lernte Kontenpläne kennen und Tagesbilanzen, half bei der Erstellung von Monatsbilanzen (für den Vorstand) und sah (was ich eigentlich nicht sehen sollte), wie die Jahresbilanz für die verschiedensten Zwecke auch zu verschiedenen Ergebnissen kam. In diesen Abteilungen war ich besonders aufmerksam und interessiert, und vermutlich kam mein Bericht über diese Abteilungen beim Ausbildungsleiter auch gut an. Ich wurde gelobt und konnte die Demütigung des Prokuristen vergessen. Im Lehrzeugnis wurde dann auch ein entsprechender Vermerk (Sonderausbildung im Prüfungs- und Rechnungswesen) gemacht.

Meine Lehrzeit endete nach 3,5 Jahren am 30.9.1940. Die Prüfung vor der IHK hatte ich mit „gut" bestanden und konnte mich nun „Industriekaufmann" nennen.

Karriere bei der SS oder bei Continental?

In der Conti traf ich einen Schulfreund wieder. Ich nenne ihn mal „Werner". Er hatte bei einer anderen Firma Technischer Kaufmann gelernt und nun eine Anstellung bei der Conti gefunden. In unserer Freizeit hatten wir gemeinsam schon mal ein Kino besucht oder waren nur so in der Stadt herumgeschlendert. Er kam auf die Idee, Reiter zu werden. Wir gingen zum Hannoverschen Reiterverein und wurden Mitglied in der Jugendgruppe. Unsere Eltern waren damit einverstanden („dann sind sie wenigstens von der Straße weg") und kauften uns eine Reithose und Reitstiefel. Der Reitunterricht gefiel uns sehr gut, zumal überwiegend Mädchen und junge Frauen daran teilnahmen.

Leider war nach wenigen Monaten alles vorbei. Es war ja Krieg und auch die Pferde wurden eingezogen. Mein Freund Werner fand heraus, wo es noch Reitpferde gab. Ein Fabrikant besaß noch einen Reitstall in Langenhagen mit einigen Reitpferden. Formell gehörten diese aber der SS-Reiterstaffel. Wir beide stellten uns dem SS-Führer vor und äußerten den Wunsch, unsere Reitausbildung fortzusetzen. Er war hocherfreut, denn Reitpferde müssen laufend bewegt werden. Die Reiterstaffel bestand aber nur noch aus wenigen Männern, denn die Übrigen waren zur Waffen-SS eingezogen und im Fronteinsatz. Als Aushilfen (Pferdebeweger) waren wir hoch willkommen.

Es gab aber ein Hindernis. Wir waren noch keine 18 und konnten in die SS nicht aufgenommen werden. Der Sturmführer kannte aber einen Ausweg. Wir wurden als SS-Anwärter aufgenommen. Man verpasste uns eine schwarze Uniform und schicke Reithosen und Stiefel. In den Spiegeln oben an der Uniformjacke fehlte das SS-Abzeichen und das Kürzel für den Reitersturm. Daran konnte man erkennen, dass wir nur Anwärter und noch keine Mitglieder waren. Wer kannte aber schon diesen kleinen Unterschied?

Nun zurück zur HJ-Standortverwaltung. Ich hatte mich entschieden, bei der Conti zu bleiben. Zum entsprechenden Termin beim Gebietsführer erschien ich in SS-Uniform (erschreckt stand er im ersten Augenblick stramm) und teilte ihm mit, dass ich als Geschäftsführer

nicht zur Verfügung stehe und eine andere Laufbahn
anstrebe. Er gratulierte und wünschte mir Glück.

Das Reiten fand in einer Reithalle am Welfenplatz statt
und machte uns viel Freude und einen öfter wunden
Hintern. Wenn wir in Uniform mit Sporen an den Stiefeln
und der Reitgerte unterm Arm zum Reitunterricht gingen
(richtige Angeber), strahlten uns so manche Mädchenau-
gen entgegen. (Wir bemerkten nicht, dass ältere Männer
und Frauen uns eher ängstlich betrachteten.) Bald hatten
wir eine feste Freundin. Diese waren allerdings 3 – 4
Jahre älter als wir. Rückwirkend betrachtet möchte ich
annehmen, dass ich nur Begleitperson anstelle eines
„richtigen" Mannes war. Aber auch die platonische Liebe
war schön für mich als 17-jähriger. Mein Freund Werner,
er war ein Jahrgang älter als ich, wurde bald zur Waffen-
SS eingezogen und ich bin noch einige Monate mit den
zwei Frauen gegangen, bis auch ich Ende des Jahres 1941
einen Gestellungsbefehl zur Waffen-SS erhielt und mich
im Januar 1942 in einer Kaserne melden musste. So
endete ein Reitunterricht, welcher harmlos beim Reiterverein im Tattersaal in der Seelhorststraße begann.

In den Monaten zuvor gönnte ich mir noch einen Spaß
(aus meiner Sicht). Zu jener Zeit wurde fast an jedem
Wochenende für irgendetwas oder irgendwen gesammelt.
Die Straßensammlung war Sache der HJ. Ich war ja nach
wie vor Mitglied der HJ und musste auch sammeln. Ich
nahm eine Sammelbüchse mit nach Hause und ging
Sonnabendabend durch die Lokale in SS-Uniform!! Selbst
Nachtlokale wie Rote Mühle, Trianon-Bar oder der
Spielsaal in der ersten Etage von Cafe Continental
öffneten mir die Türen. Die Geschäftsführer wurden
zumeist sehr ängstlich, weil sie wohl eine Kontrolle oder
sonst etwas Unangenehmes befürchteten. Sie baten um
Diskretion. Das kam mir sehr gelegen. Ich schaute mir
erst aus dem Hintergrund die Show an und ging dann in
der Pause von Tisch zu Tisch. Im Spielkasino gab mir der
Geschäftsführer mal eine Spende von 50 Mark dafür, dass
ich den Gästen meine Sammelbüchse nicht unter die Nase
hielt. Schon damals dämmerte mir die Erkenntnis, dass im
Krieg die meisten leiden und einige wenige besonders gut
leben. Ich merkte auch, welche Macht mir die Uniform
verlieh und wie groß die Versuchung ist, diese Macht
persönlich auszunutzen.

Erste Liebe und Beginn des 2. Weltkriegs

Vor einem Jahr hatte der 2.Weltkrieg begonnen. Ich erinnere mich noch genau an diesen Tag. Morgens, kurz nach Dienstbeginn um 7 Uhr, mussten alle Angestellten in die Empfangshalle des Verwaltungsgebäudes kommen. Keiner wusste warum, aber alle ahnten, dass es nichts Gutes war. Es hieß dann, in wenigen Minuten spricht der Führer. Über Lautsprecher erfuhren wir dann, dass polnische Bürger und Soldaten in den letzten Tagen wiederholt provokativ die Grenze verletzt und nunmehr den Sender Görlitz besetzt hätten. „Seit heute Morgen haben deutsche Truppen die Grenze überschritten, um eine gebührende Antwort zu geben." So etwa habe ich den Wortlaut in Erinnerung. Ich erinnere mich aber auch daran, dass nur wenige „Heil Hitler" riefen. Keiner rief „Hurra" wie 1914. Nur wenige sprachen miteinander auf dem Weg zum Arbeitsplatz. Als ich am späten Nachmittag (Dienstschluss war 17 Uhr) nach Haus kam, herrschte dort gedrückte Stimmung. Meine Mutter weinte und sagte, jetzt musst Du auch noch in den Krieg ziehen. Mein Vater sagte: „Das gibt kein gutes Ende". Nur ich glaubte an einen Sieg.

Als Lehrling erhielt ich im letzten Lehrjahr 30 Mark. Als Angestellter zunächst 110,- und nach einem halben Jahr 120 Mark im Monat. Meine Eltern waren großzügig. Ich durfte das Geld für mich ausgeben. Das folgende Jahr habe ich für damalige Verhältnisse recht flott gelebt. Neben den bereits erwähnten Reitunterricht war noch Geld für 1 – 2 mal Kino pro Woche (zum Teil mit netten Mädchen). Mit Freunden wurden auch am späten Abend noch Lokale und Bars besucht, obwohl ich anfangs noch keine 18 Jahre alt war und somit nur bis 22 Uhr in Lokalen sein durfte. Aber ich war ja Hauptscharführer der HJ. Ich stellte mir selbst einen Ausweis aus und machte mich 1 Jahr älter.

Einen Kinobesuch habe ich noch in besonders guter Erinnerung. Sie war ein hübsches Mädchen, Verkäuferin in einer Drogerie. Als wir in der Schlange vor der Kinokasse standen fragte ich so ganz nebenbei: "Interessierst Du dich für den Film oder wollen wir lieber Loge

nehmen?" Da bekam sie einen roten Kopf und machte
kehrt. Am nächsten Tag besuchte ich Sie in der Drogerie
und entschuldigte mich. Es sei nur ein Witz gewesen.
Aber Sie blieb standhaft. So tugendhaft waren damals die
Mädchen!!

Mehr Glück hatte ich im Sommer 1941 im Strandbad
am Maschsee. Sie lag allein auf ihrem Badetuch. Ich
schlich erst mal so ringsum und nahm etwa 3 Meter
entfernt Platz. Ich sprach sie an; wir kamen ins Gespräch
und Rosemarie erzählte mir, dass sie aus Plauen sei und
hier bei ihrer Tante zu Besuch. Am nächsten Tag machten
wir einen Spaziergang und ich zeigte ihr die Eilenriede.
Wir fanden auch eine passende Bank und ich muss
gestehen, dass ich mich echt und ehrlich verliebt habe.
Und ich war auch ihre erste Liebe. Sie gestand mir, dass
sie 15 dreiviertel Jahr alt wäre und noch nie einen Jungen
geküsst hätte. Das war sehr glaubhaft, denn sie stellte
sich dabei noch recht ungeschickt an. Wir hatten noch
einen Tag. Dann war ihr Urlaub zu Ende und sie musste
wieder nach Haus fahren. Es folgten viele Briefe. Im
Dezember 1941 bekam ich meinen Gestellungsbefehl. Ich
fuhr nach Plauen und nahm Abschied. Es folgten
wiederum zahlreiche Briefe, bis der Kontakt unfreiwillig
endete. Ich kam zum Fronteinsatz in Frankreich und sie
floh mit ihren Eltern vor den Russen. Von meiner ersten
großen Liebe ist mir ein kleines Passfoto geblieben.

Soldatenzeit in Holland

Da die Continental Rüstungsbetrieb war, wurde ich
nicht zum Arbeitsdienst eingezogen und bekam
einen Gestellungsbefehl zum Wehrdienst erst, als ich
schon 18 Jahre alt war. Im Dezember 1941 erhielt ich die
Aufforderung, mich im Januar 1942 in einer Kaserne im
Ruhrgebiet zu melden. Da ich als Anwärter bei der Reiter-
SS angemeldet war, kam der Gestellungsbefehl von der
Waffen-SS. Für meine Eltern war Weihnachten 1941 nun
doch recht traurig. Alle dachten wir an Abschied und
wussten, dass die Zukunft nicht besonders gut sein würde.
Der Luftkrieg hatte Hannover bereits erreicht. Bomben
waren in Misburg (Ölraffinerie) und eine in der Südstadt
gefallen. Viele Hannoveraner fuhren und gingen zur

Seilerstraße, um den Bombenschaden anzusehen. Damals dachte noch niemand, dass eines Tages die gesamte Innenstadt nur noch ein Trümmerhaufen sein würde.

1940 und 1941 siegten unsere Soldaten noch an allen Fronten. Es herrschte doch noch eine gewisse Siegeszuversicht. Auch ich glaubte an ein baldiges Kriegsende und nahm den Gestellungsbefehl gelassen hin. Froh war ich sogar darüber, dass er von der Waffen-SS kam, denn die SS war vollmotorisiert. Ich würde daher wohl nicht viel marschieren müssen. Das kam mir sehr gelegen.

Die ersten 2 Tage in der Kaserne waren recht ungemütlich. Man hatte uns vergessen. Die Kaserne war leer, ungeheizte Räume, Wasser war abgestellt. Verpflegung gab es zunächst auch nicht. Zwei Mann machten sich auf den Weg zur Ortskommandantur. Die war für uns nicht zuständig, meldete aber wohl weiter, denn am nächsten Tag kam ein Lkw mit Verpflegung und ein Unterscharführer teilte uns mit, dass wir in den nächsten Tagen zu unserer Ausbildungseinheit gebracht würden.

Wir waren etwa 30 Männer. Noch in Zivil wurden wir dann zum Bahnhof gebracht und verteilten uns auf mehrere Wagen eines normalen D-Zuges Richtung Amsterdam. In Hilversum wurde der Zug angehalten und wir erhielten den Befehl zum Aussteigen. Ein Unterscharführer ging vorweg und recht locker schlenderten wir mit unserem geringen Gepäck hinterher, bis wir zu einer ehemaligen Schule kamen. Die war jetzt Kaserne und unsere zukünftige Unterkunft. Jetzt wurde es ernst. Wir wurden auf verschiedene Stuben (ehemalige Klassenzimmer) verteilt, welche mit anderen Männern schon teilweise belegt waren. Bei der Kleiderkammer standen wir Schlange und wurden eingekleidet, bei der Waffenkammer gab es Gewehre, Gasmasken usw. Noch am Nachmittag hörten wir plötzlich Trillerpfeifen auf den Fluren und Rufe „Raustreten – Antreten" Das Soldatenleben begann.

Ich war bei einer Panzerjäger-Ausbildungskompanie gelandet. In den ersten Wochen war es eine mehr infanteristische Ausbildung. Heute würde man Konditionstraining dazu sagen. Für die meisten von uns eine körperlich sehr schwere Zeit. Einige hatten auch Heimweh und weinten am Abend schon mal. Ich schrieb an meine Eltern und an Rosemarie. Von beiden erhielt ich oft Post und auch mal ein Päckchen. 1942 war die

Versorgung der Bevölkerung noch recht gut. Auch unsere Verpflegung in der Kaserne habe ich in guter Erinnerung.

Die Ausbildung war sehr intensiv. Dem Scharfschießen mit dem Gewehr folgte Ausbildung am MG 42 (Maschinengewehr), Maschinenpistole und dann vor allem an der Pak 3,5 (**P**anzer-**A**bwehr-**K**anone). Zu jeder Kanone gehörten 4 Schützen und ein Geschützführer. Zunächst mussten wir die Kanone im Mannschaftszug im Gelände bewegen, in Stellung bringen und auf den Befehl „Stellungswechsel" möglichst wieder im Laufschritt an einer anderen Stelle wieder in Stellung bringen. Die Heide in der Nähe von Hilversum war dafür ein ideales Gelände. Bis zur totalen Erschöpfung wurden wir hin und her gejagt.

Nahezu Erholung war dann später das Schießen mit Übungsmunition. Wir lernten noch den Umgang mit den 5kg Tellerminen und den Hohlhaftladungen. Diese bestanden aus einem recht kräftigen Magnet in dem eine besondere Sprengstoffladung so platziert und eingestellt war, dass sie nach erfolgter Zündung ein etwa 0,5 cm großes Loch in Stahlplatten schweißte. Im Inneren des Panzers entstand, wie beim Schweißen, ein starker Funkenregen, welcher meistens genügte, das Fahrzeug in Brand zu setzen. Wir lernten, auf im Gelände fahrende Panzer zu springen und diese Ladungen an besonders empfindliche Stellen anzubringen. Anhand von Schautafeln lernten wir den russischen T34 und auch seinerzeit bekannte amerikanische und englische Panzer kennen. Insbesondere die toten Winkel waren für uns (lebens-)wichtig.

Bei den Ausbildern beliebt war die Übung „Deckungslöcher ausheben". Jeder Rekrut musste mit seinem Spaten für sich ein Loch graben. Das musste oben eng sein und so tief, dass er ganz darin verschwinden konnte. Der Trick war, die zunächst enge Röhre nach etwa einem halben Meter zu erweitern, so dass man in die Kniebeuge gehen konnte, um nicht allzu tief graben zu müssen. War man im Loch verschwunden, kam ein Panzer angefahren und setzte seine Gleitketten genau über das Loch und begann zu kreisen. Man wurde eingebuddelt und wer nicht tief genug gegraben hatte, spürte die Panzerketten bald auf seinem Stahlhelm knirschen. Das war der Moment für den Ausbilder, das Experiment abzubrechen. Wer das

erlebt hatte, buddelte in Zukunft sein Deckungsloch
besser und tiefer. Eine andere Übung bestand darin, sich
flach auf die Straße zulegen und vom Panzer überrollen
zu lassen. Bei einer anderen Kompanie ist es vorgekommen, dass ein Rekrut aus Angst kurz vor dem überrollen
aufgesprungen ist und vom Panzer erfasst und schwer
verletzt wurde. Diese Übung durfte danach nicht mehr
gemacht werden. Eine andere Übung bestand darin, dass
wir in Form eines großen Kreises von etwa acht Meter
Durchmesser Deckungslöcher graben mussten. In der
Mitte des Kreises wurde dann eine 5kg Mine zur Explosion gebracht. Ohren zuhalten und Mund öffnen, wurde uns
zuvor befohlen. Nach der Explosion hatten wir wortwört-
lich „die Schnauze voll".

Die Ausbildungszeit war sehr hart. Manchmal haben
wir uns nicht mehr wie Rekruten gefühlt, sondern wie
Sträflinge. Rückblickend muss ich aber feststellen, dass
während des Fronteinsatzes manches gelernte Verhalten
lebensrettend war.

Nach etwa 6 Monaten hörte die sehr harte und oft auch
schikanöse Ausbildung nach und nach auf. Die weiteren
Übungen dienten vor allem der körperlichen Ertüchti-
gung. Wichtig, aber nicht so anstrengend, waren dann die
Ziel- und Schießübungen. Hin und wieder gab es auch
Alarmübungen, meistens nachts. Dann runter vom
Strohsack, anziehen und raus, Geschütz holen und zum
Munitionsempfang. Gab es nur Übungsmunition, wussten
wir Bescheid. Die Fahrer hatten inzwischen die Fahrzeuge
startklar gemacht, so dass wir die Geschütze anhängen
konnten. Dann kam das Kommando „aufsitzen". Selten
wurde dann eine „Spazierfahrt" gemacht. Wenn ja, ging
die Fahrt zur Heide und es wurde „Geschütz in Stellung"
geübt.

Ich erinnere mich auch an ein Manöver. Wir hatten
unsere Geschütze in Stellung gebracht und eine andere
Kompanie musste uns angreifen, mit Panzern und viel
Infanterie. Geschossen wurde von beiden Seiten mit
Übungsmunition. Auf unserer Seite gab es auch Infante-
risten, welche mit Gewehren auf den Angreifer schossen.
Von denen hatte einer eine tolle Idee. Er legte eine leere
Patronenhülse auf seinen Spaten vor den Gewehrlauf und
schoss dann eine Übungspatrone ab. Der Druck war so
stark, dass die leere Hülse etwa 40 – 50 Meter weit flog

und dabei ein heulendes Geräusch verursachte. Dieser Spaß wurde von vielen nachgemacht mit der Wirkung, dass unser „Feind" sich nicht mehr rührte und in voller Deckung blieb. Die Ausbilder wurden nervös und unser Kompaniechef brach das Manöver sofort ab. Da keine Schuldigen gefunden wurden, gab es für alle drei Tage Ausgangssperre. Das war uns der Spaß wert.

Der Spaß war für einige bald vorbei. Sie wurden zu Kampftruppen versetzt, zumeist zur russischen Front. Ich hatte doppeltes Glück. Seit einige Zeit war ich Putzer beim Unterscharführer (Unteroffizier). Das brachte etwas Taschengeld ein und so manche Befreiung vom Dienst.

Dann aber, es muss so etwa Juli/August 1942 gewesen sein, wurde ich krank wie zahlreiche andere Soldaten auch. Eine Diphtherie- und Scharlach-Epidemie war ausgebrochen. In Hilversum wurden zwei Villen beschlagnahmt und zu Isolierstationen des Lazaretts umfunktioniert. Der zuständige Stabsarzt war total überfordert und außerdem ein Genever(hochprozentiger Schnaps)-Liebhaber. Sehr viele bekamen zu hoch dosierte Serum-Spritzen. Als Folge traten Herzschwäche, Kreislaufstörungen und ähnliches auf. Ich habe das als so schlimm nicht empfunden, aber ich kam zusammen mit einigen anderen Kameraden sechs Wochen in ein Genesungsheim im Sauerland nach Winterberg. Aus dem ganzen Vorfall wurde ein Staatsgeheimnis gemacht. Bei Androhung einer sehr hohen Strafe wurden wir verpflichtet, über die Erkrankungen in Hilversum zu schweigen und durften auch unseren Aufenthalt in der Klinik in Winterberg nicht mitteilen.

Besuch zu empfangen war nicht gestattet. Als die 6 Wochen vorüber waren habe ich mit Charme und Überredungskunst die Sekretärin vom Oberarzt davon überzeugen können, dass die Rückreise über Hannover am günstigsten ist. Mit einem Zug in Hannover angekommen ging ich im Bahnhof zu einer Truppenbetreuungs-Dienststelle und erreichte einen Tag Aufenthaltsgenehmigung. Das war für meine Eltern und natürlich auch für mich eine große Freude.

In Hilversum wurde ich dann bald Rottenführer (Gefreiter). Ich war nun schon länger als ein Jahr Soldat und hatte noch keinen Heimaturlaub bekommen. Vom Spieß wurde ich immer wieder vertröstet. Eines Tages war es

dann so weit. Ich bekam 2 Wochen Urlaub, sogar mit
Zivilerlaubnis. Es war aber kein Urlaub nach Hannover
sondern nach Kitzbühel im Rahmen der Truppenbetreu-
ung. Das war eine große Enttäuschung für meine Eltern,
Rosemarie und auch für mich. Untergebracht wurde ich in
einer kleinen Pension, welche ein Zimmer für einen
verwundeten oder genesungsbedürftigen Soldaten
kostenlos zur Verfügung gestellt hatte. Man war sehr
freundlich zu mir und ich genoss alle Vorteile eines
Feriengastes. Andere Häuser und Hotels hatten auch
Soldaten als Gäste. Zahlende Feriengäste gab es nur
wenige. Es war ja Krieg. In Zivil fühlte ich mich recht
wohl und traf andere Soldaten, denen es ähnlich ging wie
mir. Nein, den meisten ging es schlechter, denn sie hatten
zum Teil recht ernsthafte Verletzungen.

Etwas angefreundet hatte ich mich mit einem Leutnant.
Sein rechter Arm bestand aus einer Prothese. Schlimmer
war seine Gesichtsverletzung. Auch mehrere Operationen
hatten nicht viel geholfen. Er litt sehr unter seinem
Aussehen. Ich tat so, als ob ich das gar nicht bemerkte.
Eines Abends nahm er mich mit in einen Offiziersclub.
Ich war in Zivil wie die meisten. Andere waren aber auch
in voller Uniform mit allen Orden und Ehrenzeichen.
Frauen waren auch reichlich vertreten. Es wurde kräftig
gefeiert, gesungen (mehr gegrölt), getanzt und vor allem
gesoffen. Wein, Bier und auch Sekt gab es reichlich. Mir
war das ganze unheimlich und ich fühlte mich nicht wohl.
Ich dachte an die Kameraden in Russland. Die Rückfahrt
klappte dann wieder über Hannover mit einer Aufent-
haltserlaubnis von einem Tag.

Kaum war ich in Hilversum wieder angekommen, wurde
ich zum Kompaniechef befohlen. Seinen Putzer musste er
an eine Feldkompanie überweisen und suchte einen
Nachfolger. Ich war noch nicht voll dienstfähig und für
den Posten vom Spieß empfohlen worden. Hocherfreut
habe ich den Posten angenommen. Ganz in der Nähe der
Kaserne war eines dieser netten kleinen typischen
holländischen Häuser vor längerer Zeit beschlagnahmt
worden und war Wohnsitz unseres Kompaniechefs. Es war
fast auch mein Wohnsitz. Zum Schlafen musste ich zwar
in die Kaserne kommen und morgens beim Appell auch
mit antreten, aber das war es dann auch.

Einmal kam ich erst in letzter Sekunde zum Appell angerannt. Unterwegs noch schnell die Uniformjacke angezogen und im letzten Glied Aufstellung genommen. Der Spieß ging die Front ab und blieb vor mir stehen. Alle hörten wie er mich laut anschrie: „Kamp, sie sind hier nicht zum Sonnenbaden angetreten, machen sie mal schnell das oberste Kragenloch zu!" Das war Kasernenhof-Humor. War der Appell vorüber, ging ich zum Haus des Chefs. Ich musste den kleinen Vorgarten pflegen und das Haus in Ordnung halten, aufräumen, Betten machen, Geschirr spülen usw. Manchmal stellte ich beim Gläser polieren fest, dass es auch Besuch gegeben hatte, welcher Lippenstift benutzt. Diskretion Ehrensache!

Zum Mittagessen blieb der Chef meistens in der Kaserne. Wenn nicht, musste ich das Essen (es wurde vom Kompaniekoch gebracht) im Haus servieren. Das Servieren hatte ich von meiner Mutter gelernt. Auch bei ansonsten einfacher Küche legte sie großen Wert auf gute Tischsitten. Beim Koch orderte ich Kuchen oder Kekse (oftmals für mich, da der Chef Dienst hatte), Kaffee und Brot, Wurst, Käse usw. für das Abendessen. Am Nachmittag, mal früher mal später kam der Chef vom Dienst und ich servierte das Abendessen. Manchmal kam vorher ein Anruf. Ich solle für zwei oder auch mal für drei Personen decken. Er hatte dann befreundete Offiziere aus anderen Kompanien eingeladen. Hatte ich serviert, war mein Dienst beendet. Ich ging zur Kaserne, zog meine Ausgehuniform an und nahm bei netten Mädchen Nachhilfeunterricht, auch in holländisch. Bei dieser Gelegenheit muss ich gestehen, dass ich noch keinerlei Erfahrungen mit dem weiblichen Geschlecht hatte (wenn man vom gelegentlichen Küsschen und ein wenig rumknutschen absieht), als ich Soldat wurde.

Während dieser Monate hatte ich so etwas wie eine feste Freundin, welche mindestens 10 Jahre älter als ich war. Sie wartete schon immer am Kasernentor. Hin und wieder machten wir auch kleine Ausflüge mit der „Fietz" (Fahrrad). Bei dieser Gelegenheit erfuhr ich, dass sie einen Bruder hat, welcher rechtzeitig nach England geflüchtet ist und dort in der Armee dient. Ihr Vater war „durch Krieg gestorben", wie sie sich ausdrückte. Trotzdem hatte sie einen deutschen Soldaten als Freund.

Das irritierte mich schon und innerlich verachtete ich sie ein wenig. Aber sie war eine gute Lehrmeisterin.

Es waren die schönsten Monate meiner Soldatenzeit.

Eines Tages musste ich zum Spieß kommen. Ich war wieder voll dienstfähig geworden. Bevor ich zur Feldeinheit komme, sollte ich noch einen Lehrgang als Geschützführer machen, um dann zum Unterscharführer (Unteroffizier) befördert zu werden. Der Lehrgang dauerte 6 Wochen und fand in Putlos (Schleswig-Holstein) statt. Es wurde auch sehr viel Theorie behandelt, Anfangsgeschwindigkeit, Flugbahn des Geschosses, Auftreffwinkel, Entfernung schätzen und Messen mit verschiedenen Hilfsmitteln. Es war alles sehr interessant. Diese Ausbildung galt zugleich als Unterscharführer-Lehrgang.

In Hilversum wurde ich dann auch alsbald befördert und als Ausbilder eingesetzt. Wieder hatte ich viel Glück gehabt, denn ich kam nicht zu einer Feldeinheit. Nach einigen Monaten wurde ich wieder zum Kompaniechef befohlen. Der Spieß war anwesend und ein junger Mann in Zivil. Dieser interessierte sich für mein Vorleben, Interessen und Neigungen, mit wem ich kameradschaftlich besonders verbunden war und ähnliches. Mir wurde unheimlich. Dann erkundete er sich nach meinen holländischen Sprachkenntnissen. Ich erzählte, dass meine Eltern aus der Grafschaft Bentheim kommen und ich bei dortigen Verwandten als Kind immer die Sommerferien verbrachte. Die älteren Leute sprechen dort ein Plattdeutsch, welches schon mehr holländisch als hochdeutsch ist. Mir hat es schon immer Spaß gemacht, dieses Plattdeutsch zu sprechen. Ich erfuhr dann, dass ich in Kürze zu einem Lehrgang abkommandiert würde.

Dem Einsatz im Sicherheitsdienst SD entgangen

Nach dem Lehrgang und bestandener Prüfung teilte mir der Spieß mit, dass ich die Kompanie verlassen würde, da ich in Zukunft zum „SD" gehöre. „SD", das war die Sicherheitsdienst genannte Spionage und Spionageabwehr der Waffen-SS und unterstand direkt Heinrich Himmler. Diese Leute waren selbst bei den

übrigen Soldaten gefürchtet. Die Männer vom SD hatten
eine fast unbeschränkte Vollmacht gegenüber Soldaten
und Zivilisten. Spionage und Spionageabwehr sind kein
Kinderspiel, vor allem nicht während des Krieges. Mir
wurde zwar gesagt, dass ich stolz darauf sein könnte,
ausgewählt zu sein, aber im Grunde hatte ich ein sehr
ungutes Gefühl, als ich eines Tages im Pkw abgeholt
wurde.

Ich landete in einer etwas abseits gelegenen Kaserne,
welche wohl früher mal ein Kloster oder etwas Ähnliches
gewesen war. Zusammen mit zwei anderen SS-Soldaten
wurden wir eingewiesen und mit den wichtigsten Dingen
bekannt gemacht. Wir bekamen eine andere Uniform,
Zivilkleidung und eine handliche Pistole. Uns wurde
erklärt, dass es gelungen war, einen englischen Geheim-
code zu knacken, mit dessen Hilfe von England aus
Agenten in Holland eingesetzt wurden. Die Agenten
wurden nachts über Holland mit dem Fallschirm über ein
zuvor bekanntes Gebiet abgesetzt und dort von anderen
Agenten in Empfang genommen. Ein Losungswort diente
der gegenseitigen Erkennung. Aus England kamen
Holländer und wurden hier von Holländern in Empfang
genommen. Die richtige akzentfreie Aussprache war also
wichtig. Von mir erwartete man also ein akzentfreies
Holländisch, wobei natürlich bekannt war, dass es auch
im holländischen noch verschiedene Akzente gibt. Von
einem holländischen SS-Mann bekam ich nun Sprachun-
terricht, um meine Aussprache zu verbessern.

Zusammen mit zehn etwa gleichaltrigen SS-Männern
begann in den nächsten Tagen verhältnismäßig leger eine
Ausbildung. Neben Waffenkunde und Pionierunterricht
(verschiedene Sprengstoffe, Zünder usw.) übten wir
Pistolenschießen. Daneben mussten wir laufend holländisch sprechen. Bei dieser Gelegenheit erfuhr ich, dass
drei Mitglieder unserer Truppe Holländer waren, welche
sich freiwillig zur SS gemeldet hatten.

Wir hatten neben der Theorie in den folgenden Tagen
aber auch Konditionstraining. Das war schlimmer als bei
der Rekrutenausbildung. Mit einer 5kg-Mine (unscharf)
mussten wir laufen, robben und schwimmen. Schwimmen
mit 5kg.-Mine auf den Rücken!? Nach wenigen Metern
ging ich zischend unter wie ein heißes Bügeleisen. Das
war nichts für mich, unsportlich wie ich war. Und wieder

hatte ich Glück in meinem Leben. Bei besonders starken Anstrengungen bekam ich Nasenbluten wie schon früher. Es dauerte nur eine Woche, ich bekam meine alte Uniform ausgehändigt und war heilfroh, wieder bei meiner Panzerjäger-Kompanie zu sein.

Der Spieß begrüßte mich freundlich und nach wenigen Tagen war ich wieder als Ausbilder eingeteilt. Der übliche Dienst in der Kaserne und vor allem im Gelände nahm mich wieder voll in Anspruch. Manche Abende blieb ich in der Kaserne. Neuigkeiten brachte nur der Wehrmachtsbericht, welcher täglich am Anschlagbrett gelesen werden konnte. Dieser berichtete inzwischen weniger von Siegen. Häufig wurde von erfolgreichen(!) strategischen Frontbegradigungen berichtet. Erst als die Schlacht um Stalingrad verloren war, machten wir uns Gedanken über den weiteren Ablauf des Krieges.

Meine Eltern berichteten über Bombenangriffe und schwere Schäden in Hannover. Ich machte mir wohl Sorgen um sie, aber so richtig vorstellen konnte ich mir das alles nicht. Man war durch den täglichen Dienst und durch das Abgeschirmtsein von Nachrichten, seltsam isoliert. In der Kantine war ein Lautsprecher eines Radios, welches im Büro vom Spieß stand. Meistens wurde Schlagermusik übertragen. Auch an eine Göbbelsrede kann ich mich erinnern. „Wollt ihr den totalen Krieg?" Wir lebten hier im nahezu friedlichen Holland und „spielten Krieg". Das kam so:

Eines Tages wurde unsere Kompanie nach Alphen ins Rheindelta verlegt. Es wurde von Maßnahmen gegen eine eventuelle Invasion gemunkelt. Wir mussten Geschützstellungen auf nassen Wiesen ausheben, was total misslang. Nach nur etwa 50 cm Tiefe standen wir im Wasser und unsere Geschütze auf großen weiten Wiesenflächen wie auf einem Präsentierteller. Die Wiesen waren durch breite Entwässerungsgräben getrennt. Bei uns kam Langeweile auf. Da entdeckte ich unweit unserer Stellung ein Paddelboot für zwei Personen.

Übermütig „kaperte" ich das Boot und zusammen mit einem Kameraden machte ich einige Paddelversuche. Als das einigermaßen klappte, stellte ich unser MG42 vorne auf den Bug und wir zwei machten „Patrouillenfahrten". Das war ein toller Spaß und alle lachten über uns. Wir zwei lachten nicht mehr, als wir zwei Tage später zum

Rapport beim Kompaniechef erscheinen mussten. Zu drei Tagen Karzer wurden wir verurteilt und mussten diese absitzen, als die Kompanie eine Woche später wieder in der gewohnten Kaserne war.

Es war unruhiger in Holland geworden. Besonders in den Städten kam es immer häufiger zu Überfällen und Angriffen auf deutsche Soldaten. In Rotterdam war ein Frachtschiff durch Sprengung untergegangen und versperrte die Einfahrt. Studenten veranstalteten Protestkundgebungen usw.. Der Oberbefehlshaber von Holland, General der Flieger Christiansen, erließ ein Versammlungsverbot, Nachtsperre und auch ein Alkohol-verbot.

Wir mussten nun häufig Streife fahren, aber mit einem Fahrrad. Wir waren immer zu zweit unterwegs. Eines Tages entdeckte ich in einem Vorort ein Haus, vor dem zahlreiche Fahrräder standen. Das war verdächtig. Wir entsicherten unsere Maschinenpistole und schlichen uns an ein Fenster, welches allerdings verhangen war. Für holländische Verhältnisse sehr ungewöhnlich. Dort war es üblich, dass man von vorn bis hinten durch das Haus sehen kann. Wir hörten laute Stimmen, welche allerdings recht fröhlich klangen.

Wir gingen zur Tür und ich drückte langsam die Klinke herunter. Die Tür war nicht verschlossen. Mit einem Ruck öffnete ich die Tür und wir sprangen mit schussbereiten Waffen in das Zimmer. Sofort war lähmende Ruhe. An zwei zusammengestellten Tischen saßen etwa 20 Personen. In der Mitte, festlich geschmückt ein älteres Paar. Auf den Tischen Gebäck, Gläser und Flaschen. Das sah nun nicht nach Revolution aus. Ich nahm die Maschinenpistole nun erst mal zur Seite, schaute ganz streng in die Runde, nahm ein Glas und trank es aus. „Alkohol und Versamm-lung verboten!" sagte ich laut und vernehmlich und die Gesichter wurden bleich und ängstlich. Ich erkundigte mich dann nach dem Grund der Versammlung und hörte, dass das ältere Paar Silberhochzeit feierte.

Daraufhin ging ich zu dem Paar, gratulierte und wünschte noch viele gute Jahre. Zu den Gästen sagte ich, sie sollten in spätestens einer Stunde einzeln nach Hause gehen, damit sie nicht von der nächsten Streife erwischt würden. Die Erleichterung und Freude war natürlich groß. Alle redeten durcheinander, eine Frau fiel mir um den

Hals und küsste beide Wangen, so dass mein Stahlhelm und ich ins Wanken gerieten. Ein Mann kam mit zwei Flaschen Genever und wollte die meinem Kameraden und mir schenken. Nach kurzem Zögern haben wir das abgelehnt. Wir sind doch nicht bestechlich! Unseren Spaß haben wir gehabt und außerdem die Holländer davon überzeugt, dass nicht alle SS-Männer böse „Moffen" sind.

Wenn wir Streife fuhren, haben wir auch öfter Zivilisten unvermittelt angehalten. Die bekamen dann immer einen mächtigen Schreck. Wir sagten dann „Legitimazi!" und kontrollierten den Personalausweis. Danach gingen wir weiter und amüsierten uns heimlich über den eingejagten Schrecken. Wir mussten auch nachts Streife fahren. Das war für uns unheimlicher. Es kam vor, dass Streifen überfallen wurden. Besonders in der Nähe von Grachten wurden Soldaten schon mal unvermittelt angegriffen und ins Wasser geworfen.

Während einer Nachtstreife fiel mir ein einzelstehendes Haus auf. Dort ging kurz nach Mitternacht eine Tür auf und ein heller Lichtschein war zu sehen. Zusammen fuhren wir hin. Es war alles dunkel und vollkommen ruhig. Ich klingelte und klopfte. „Opmaken, Polizi". Im Flur ging ein Licht an und die Tür wurde vorsichtig geöffnet. Ein älterer Mann schaute uns ängstlich an. Es war verboten, Fremde ohne Anmeldung zu beherbergen. Ich forderte daher, dass alle Anwesenden sofort mit ihrem Personalausweis nach unten zum Flur kommen sollten. Es kamen dann eine ältere Frau und zwei Mädchen, Kinder noch, etwa vier und sieben Jahre alt. Auf meine Frage nach Vater und Mutter fingen sie an zu weinen und schüttelten mit dem Kopf. Auch die Großeltern gaben keine Auskunft. Das kam mir sehr verdächtig vor. Mein Kamerad bewachte die Anwesenden und ich begann mit der Hausdurchsuchung.

Das Haus hatte keinen Keller, nur Parterre und erste Etage. Ich fand zunächst niemand. Im oberen Raum standen zwei Kinderbetten und ein Doppelbett, benutzt. In einem Eckschrank hinter allerhand Garderobe entdeckte ich dann eine junge Frau. Sie hatte furchtbare Angst und fing gleich an zu schreien und zu weinen. Auf die Frage nach ihrem Mann schüttelte sie immer mit dem Kopf. Ich habe auch keinen gefunden. Wir haben dann alle wieder ins Bett geschickt und sind weiter gefahren.

Vermutlich war der Mann ein Gesuchter und hatte gerade das Haus verlassen, als wir den Lichtschein sahen.

Während der Streifenfahrten kam man untereinander näher ins Gespräch und jeder erzählte dieses und jenes aus seinem Leben. Einer erzählte mir eines Tages, dass er eigentlich zu den Totenkopf-Verbänden gehört und nach einer Blasen- und Nierenoperation als dort nicht mehr verwendungsfähig zu unserer Einheit abgeschoben worden ist. Nun erfuhr ich erstmals etwas mehr über die KZs. Bewacht wurden die KZs von den Totenkopfverbänden. Diese trugen die gleiche Uniform wie die Waffen-SS, hatten am Kragenspiegel aber keine SS-Runen als Abzeichen, sondern den Totenkopf. Organisatorisch waren die Verbände vollkommen von den anderen Einheiten getrennt.

Er erzählte vom Wachdienst und vom Schießbefehl auf Flüchtlinge. Auch musste er öfter Transporte zu Arbeitsstellen begleiten und aufpassen, dass keiner flüchtete. Es handelte sich fast immer um schwere körperliche Arbeiten. Infolge schlechter Verpflegung brach auch schon mal einer zusammen. Ein bestimmtes Quantum musste geschafft werden, sonst würde für alle die Verpflegung gekürzt. Die Aufsicht hatten sogenannte KAPOS (Kameradenpolizei). Diese prügelten auch schon mal, wenn einer nicht schnell genug arbeitete. Kapos waren Mithäftlinge, welche auch im Lager für Ordnung sorgen mussten, die Verpflegung verteilten u.ä.. Vor allem sorgten sie dafür, dass Befehle vom Lagerkommandanten ausgeführt wurden. Dabei wurden Häftlinge oft unnötig drangsaliert. Kapos wurden von der Lagerverwaltung ernannt und von ihren Mithäftlingen meist nicht besonders geschätzt. Manchmal wurden Kapos von ihren Mitgefangenen verprügelt, dann musste jemand von der Wachmannschaft eingreifen.

So soll es 1943/44 im KZ Dachau zugegangen sein. Mein Kamerad war jedenfalls froh, dass er nicht dahin zurück musste. Nach dem Kriege wurde viel über KZs berichtet. Es war dann immer von der SS die Rede. Auf den Unterschied zwischen Waffen-SS und den Totenkopf-verbänden wurde nicht hingewiesen. Auch über die „Kapos" wird nichts berichtet. Diese hatten im Lager eine begrenzte Befehlsgewalt und erhielten vor allem eine bessere Verpflegung. Da sie nicht arbeiten mussten (sie hatten nur die Aufsicht), waren ihre Überlebenschancen wesentlich höher. Von den Massenmorden haben wir Soldaten nichts erfahren und die normale Zivilbevölkerung auch nicht, wie mir meine Eltern später erzählten.

Im Frühjahr 1944 wurden die Panzerjäger-Kompanien an die Küste zum Ärmelkanal, mehr in die Nähe von Scheveningen verlegt. In den Dünen wurden Stellungen für die Geschütze und Unterstände für die Mannschaften gebaut, was nicht so ganz einfach war. Die Unterstände waren ziemlich primitiv. Ich war für einen Abschnitt mit 2 Pak (Panzerabwehrkanonen) und fünf Vorposten verantwortlich. Pioniere hatten große Teile des Dünengeländes vermint. Da musste man bei den Kontrollgängen schon gut aufpassen. Eine schmale befestigte Straße führte innerhalb meines Gebietes zu einer einsam gelegenen Villa. Diese war von einem holländischen Ehepaar und deren junger Tochter bewohnt. Die Villa hatte zahlreiche Räume und so entschloss ich mich, meinen Befehlsstand in die Villa zu verlegen.

Zusammen mit meinem Fahrer ging ich zur Villa und klingelte. Erstaunt und auch etwas erschreckt öffnete ein elegant gekleideter Herr. Höflich trug ich mein Anliegen vor und bat um einen Raum im Erdgeschoss. Seine Frau kam hinzu (ich grüßte wie ein Gentleman mit einer angedeuteten Verbeugung!!) und nach kurzer Hausbesichtigung war ein passender Raum gefunden. Ich bekam einen Tisch, 2 Stühle und einen Schrank mit Bücherfach. Nun fehlten noch 2 Betten. Damit brachte ich die Dame des Hauses in Verlegenheit. Es gab zwar zwei luxuriös eingerichtete Gästezimmer mit entsprechenden Betten, aber nein, das brachte ich nun doch nicht übers Herz. Im Garten entdeckte ich eine Liege. Davon gab es mehrere und schon waren wir uns einig. Im Raum war noch Platz für zwei Liegen. Die waren komfortabler als die Betten mit Strohsack in der Kaserne.

Die Frau war sichtlich erleichtert. Zusammen mit ihrem Töchterchen brachte sie uns weißes(!) Bettzeug. Das haben wir dankend abgelehnt und waren mit ein paar Wolldecken besser bedient. Wir benahmen uns recht höflich und kamen auf diese Weise gut mit den Leuten aus. Unser Raum lag im Souterrain und hatte über einen kurzen Gang (da war auch Dusche und WC für uns) Zutritt zum Garten. Das Haus hatte eine leichte Hanglage. Die Besitzer sprachen beide ein gutes Deutsch und mussten irgendwie gute Beziehungen zur Wehrmacht haben. Das Haus lag im Sperrgebiet und durfte nur mit besonderem Ausweis von Zivilisten betreten werden.

Eines Tages sprach mich der Besitzer an und bot an, im Garten mit am Tisch Platz zu nehmen. Es gab Tee und Plätzchen und wir kamen zu dritt in ein wirklich gutes Gespräch über die schlechten Zeiten. Töchterchen kam auch hinzu und ich durfte sogar ihr Kätzchen kraulen, mit dem sie oft spielte. Alles in allem ein unwirklicher Zustand mitten im Krieg. Gottseidank war ich gerade auf einem Kontrollgang, als der Kompaniechef auftauchte und die Geschützstellungen besuchte. Er staunte nicht schlecht über meinen „Befehlsstand", zumal er auch zum Tee in den Garten gebeten wurde, nachdem ich ihn mit dem Hausherrn bekannt gemacht hatte. Vorsichtshalber verschwand ich aus dienstlichen Gründen, nachdem ich mich beim Hausherrn entschuldigt hatte.

Telefonisch waren wir mit einer Leitstelle in Scheveningen verbunden. Dort waren Nachrichtenhelferinnen (von uns Blitzmädchen genannt, da sie an der Uniform als Abzeichen einen Blitz als Hinweis auf Funkverkehr trugen.) Nachts, wenn kein offizieller Funkverkehr war, erhielten wir öfter schon mal einen Anruf von einem Blitzmädchen, welches Nachtwache hatte und sich langweilte. Zumeist wurde dummes Zeug geredet, aber auch schon „ewige Liebe" aus Spaß geschworen. Man war ja weit genug voneinander entfernt. Mit einer Lina hatte ich einige Male telefoniert und sie hatte mir auch „ewige Liebe" versprochen. Als ich wusste, dass sie wieder Nachtdienst hat, meldete ich mich beim Befehlsstand zum Kontrollgang ab. Den Dienst dort übernahm ein Rottenführer (mein Fahrer).

Ich hängte meine Maschinenpistole um, setzte den Stahlhelm auf, nahm das Fahrrad und fuhr nach Scheveningen zur Nachrichtenzentrale. Die war in einem Hochhaus in der obersten Etage. Unten im Haus war eine Wache, besetzt von Wehrmachtssoldaten. Der diensthabende Unteroffizier schreckte hoch und ließ mich ohne weiteres passieren, als ich sagte, ich müsste mit besonderem Befehl zur Nachrichtenzentrale. Ich musste nun mehrere Stockwerke hoch die Treppe gehen und kam zunächst an den Unterkunfts- und Schlafräumen der

Blitzmädchen vorbei, welche zumeist halb ausgezogen herumsaßen oder schon im Bett lagen. Das gab ein tolles Hallo als ich plötzlich da auftauchte. Da flogen Kissen und Schuhe und es wurde viel gekichert und gelacht.

Zur Lina musste ich noch ein Stockwerk höher, denn die hatte ja Dienst. Das erbleichende Gesicht sehe ich noch heute vor mir, als ich mich vorstellte und an die versprochene „ewige Liebe" erinnerte. Daraus wurde nichts. Wir haben uns aber nett unterhalten und es gab zumindest einen lieben Abschiedskuss. Ich durfte mich auch nicht allzu lang aufhalten. Es war ja eine unerlaubte Entfernung von der Truppe und somit drohte ein Verfahren vor dem Kriegsgericht. Mit Lina habe ich noch einige Male telefoniert. Gesehen haben wir uns nicht wieder.

Nachträglich muss ich mich immer wieder darüber wundern, wie uninformiert wir waren. Der Kriegsablauf war auch selten Gesprächsthema. Wir lebten in Holland verhältnismäßig gut und friedlich Radio hatten wir nicht, Zeitungen auch nicht. Nur hin und wieder erreichte uns ein Wehrmachtsbericht, welcher uns nicht beunruhigte und kaum interessierte. Erst als am 6.Juni 1944 den Amerikanern und Engländern die Invasion gelang, machten wir uns Gedanken über den weiteren Verlauf des Krieges.

Es verbreitete sich ein Gerücht, wonach der nächste Angriff hier an unserer Küste erfolgen könnte. Die Posten im Dünengelände wurden verstärkt. Gleichzeitig wurden aber Mannschaften und Geschütze auf feste Straßen zurückgezogen und in mehreren Privathäusern untergebracht. Bis nach Scheveningen war es nicht weit. Wenn wir dienstfrei hatten, gingen wir in der Stadt spazieren. Bei dieser Gelegenheit lernten wir (mein Fahrer und ich) auch zwei nette Mädchen kennen. Wir erzählten von unserer Unterkunft im Villenvorort und luden sie ein.

Am nächsten Tag standen sie vor der Tür. Die Rekruten unseres Zuges hatten gemeinsamen Unterricht, den ein anderer Unterscharführer durchführte. Wir luden die Mädchen zur Hausbesichtigung ein und landeten natürlich im Schlafzimmer (ehemaliges Elternschlafzimmer mit zwei großen Betten). Mein Fahrer meinte nach einiger Zeit, es wäre schön, wenn die Mädchen die Betten tauschen würden. Meine wollte davon nichts wissen und flüsterte

mir ins Ohr „Betty nicht gut". Ich blieb meiner Christa
treu und das war mein Glück. Mein Fahrer musste einige
Tage später ins Lazarett. Er hatte sich einen Tripper
eingefangen. In sein bestes Stück wurden Stäbchen
eingeführt welche scheußlich brannten. Wir fühlten uns
im Bett noch recht wohl, als plötzlich die Tür auf ging
und der Kompaniechef eintrat. Das gab vielleicht ein
Donnerwetter. Auch wir hätten beim Unterricht anwesend
sein müssen. Ich weiß gar nicht wie schnell die Mädchen
angezogen und verschwunden waren.

Wir mussten gleich mitkommen und erhielten drei Tage
Karzer. Eingesperrt wurden wir im Kellerraum einer Villa.
Am zweiten Tag gab es Alarm. Der Keller wurde
aufgeschlossen und wir mussten eilig zu unseren Leuten.
Es war keine Übung. Scharfe Munition wurde auch für die
Geschütze verteilt und alle sollten sich auf einen
Abmarsch vorbereiten. Das gab allerhand Unruhe. Wir
hatten erst vor knapp 2 Monaten neue junge Rekruten zur
Ausbildung bekommen. Die Ausbildung war längst noch
nicht abgeschlossen. Noch in der Nacht setzte sich unsere
motorisierte Kompanie in Bewegung. Zwei Geschütze
hatten Kettenfahrzeuge als Zugmaschine zur Verfügung,
die übrigen Lastkraftwagen. Dazu gehörte auch mein
Geschütz. Ich saß vorne beim Fahrer und fünf Rekruten
hockten auf einer Bank auf der Ladefläche. Kurz vor der
Abfahrt brachte mir der Melder vom Spieß noch einen
Brief. Er war von der Christa. Er war in recht gutem
Deutsch geschrieben und sehr lieb. Am Schluss schrieb
sie: „Mir geht es nicht so gut und Du wissen warum". Auf
der Fahrt Richtung Belgien habe ich darüber nachgedacht
und hatte ein ziemlich schlechtes Gewissen. Der Brief
ging in den späteren Kriegswirren verloren. An Christa
gedacht habe ich Jahrzehnte später noch manchmal.

An die Front

Am 6. Juni 1944 beginnt in der Normandie die
Invasion. Es dauert aber noch fast 4 Wochen bevor
das Kommando „Aufsitzen!" ertönt. Erst jetzt beginnt für
mich der Krieg.

In langer Kolonne fahren wir an Rotterdam vorbei
Richtung Belgien. Es geht verhältnismäßig langsam voran.

Die Kettenfahrzeuge sind nicht so schnell. Die Lkw, welche auch Geschütze ziehen, müssen sich dem Tempo anpassen. Wir fahren über mehrere Brücken Richtung Belgien. An Brüssel fahren wir vorbei und sind bald danach in Frankreich. Der Fluss Somme ist mir noch im Gedächtnis und auch die Stadt Cambrai. Im Geschichtsunterricht hatte ich gehört, dass dort im ersten Weltkrieg eine große Panzerschlacht stattgefunden hat. Unsere Fahrzeugkolonne machte aber einen Bogen und fuhr in Richtung Paris. Inzwischen hörten wir, dass die Invasion geglückt ist.

Kurz vor Paris fing der Motor unseres Lkw an zu qualmen. Ein Kettenfahrzeug nahm uns in Schlepptau und brachte uns am Stadtrand von Paris in eine Werkstatt der Wehrmacht, welche den Motor wieder flott machen sollte. Ich bekam den Befehl, sofort nach Marschbereitschaft meiner Kompanie in Richtung Mantes zu folgen, zur Division „Hitler-Jugend".

Die Reparatur dauerte etwa 4 Tage. Wir benutzten die Zeit, um uns Paris anzuschauen. Es war aber so merkwürdig unruhig und wir wurden gewarnt, sollten nur in Gruppen gehen und auf den Hauptstraßen bleiben. Einmal wurden wir zusammen mit einigen Wehrmachtangehörigen auf einen offenen Lkw gesetzt. Wir sollten alle unsere Waffen in Anschlag und schussbereit halten. In dieser Aufmachung wurden wir dann durch die Straßen „spazieren" gefahren. Das sollte bei der Bevölkerung wohl einschüchternd wirken.

Eines Tages erhielt ich dann die Nachricht, dass der Lkw wieder fahrtüchtig ist. Beim Beladen unseres Lkw tauchten plötzlich zwei „Blitzmädchen" auf. Sie erzählten von ihrer Flucht vor den Amis und waren mit den Nerven ziemlich am Ende. Wir sollten sie mit nach Hause nehmen, der Krieg sei zu Ende. Als ich sagte, wir würden zur Front fahren, fing eine an zu schreien und zu weinen und trommelte mit beiden Fäusten gegen meine Brust. Ich konnte sie kaum beruhigen. Auch die andere fing an zu weinen. „Wir wollen nicht in Gefangenschaft geraten und erst recht nicht in die Hände von Partisanen, die sind am schlimmsten." Die beiden taten mir leid, aber ich konnte nicht helfen. Wir hängten unsere Pak an den Lkw und fuhren los. Ich hatte mir die Straße in Richtung Mantes erklären lassen.

Wir kamen dort auch an, aber von unserer Einheit keine Spur. Merkwürdig, dass uns kleinere Wehrmachtskolonnen entgegen kamen. Ich ging auf einen Trupp zu und erhielt auf Anfrage von einem Leutnant die Auskunft, dass er in der Nähe von Evreux SS-Leute gesehen habe.

Also fuhren wir in Richtung Evreux. Bald danach erinnere ich mich noch an ein Straßenschild „Lisieux". Bevor wir die Stadt erreichten, kamen uns schon Landser entgegen. Einige Landser hatten ihre Gewehre weggeworfen und riefen: "Der Krieg ist aus!" oder „Fahrt nach Haus!". Unsere Stimmung wurde recht mies. Was sollte ich machen? Zunächst stoppte ich einen entgegenkommenden Lkw. Zwei Wehrmachtoffiziere und zwei Soldaten begleiteten diesen mit Lebensmittel, Calvados und Cognac vollgestopften Lkw. Höchst unfreiwillig erhielten wir eine größere Portion Proviant vom Feinsten und natürlich auch Getränke. Ein Landser gab zu, dass die guten Sachen aus einem Offizierskasino „gerettet" worden sind. Wir fuhren weiter.

Nach einer Weile kam uns ein Wagen mit SS-Leuten entgegen Man schickte uns in Richtung Falaise, etwa 30 km südlich von Caen. Der nächste Ort erschien menschenleer. Aus der Ferne hören wir starken Gefechtslärm und Bombenabwürfe. Einige Landser sagten, dass der Ami ihnen ziemlich dicht auf den Fersen sei. Es dämmerte bereits. Ich beschloss, mit dem Lkw auf einen Feldweg in einen Wald zu fahren. Am Waldrand, etwa 200 meter von der Straße entfernt, brachten wir unsere Pak in Stellung und warteten ab. Ich wusste nicht wo wir waren. Hatte weder Kompass noch eine Straßenkarte und wir alle kamen uns recht einsam und verlassen vor.

Es wurde Nacht. Richtig geschlafen hat wohl kaum einer. Im Morgengrauen, es war fast noch dunkel, hörten wir Kettengeräusche. Wir hofften, deutsche Panzer zu sehen. Wir sahen zwar Panzer, aber es waren zwei amerikanische Panzer, welche sehr langsam auf der Straße uns entgegenrollten. Ihre Kanonentürme schwenkten dabei immer von der einen zur anderen Seite. Ich ließ unsere Kanone laden und beobachtete die Panzer durch das Zielfernrohr. Als der erste Panzer nur noch etwa 500 m von uns entfernt war und der zweite Panzer gerade seinen Turm nach rechts schwenkte, drückte ich ab und traf den ersten Panzer etwas unterhalb vom Turm, welcher fast abgerissen wurde. Qualm stieg auf und kurz danach gab es im Panzer eine Explosion. Der zweite Panzer war auf etwa 600 m herangekommen. Ich stellte die Entfernung auf 650 m und visierte die Unterkante des Panzers an. Ich traf vorne links das Kettenfahrwerk. Der Panzer rutschte von der Straße und kippte in einen Graben. Ich schickte schnell noch eine Sprenggranate hinterher und ließ schnellstens unsere Stellung räumen. Die Pak wurde wieder hinten angehängt und so schnell wie möglich fuhren wir auf dem Waldweg tiefer in den Wald. Inzwischen war es dunkel geworden und ich wusste nicht, wie es weitergehen sollte. Ohne Licht fuhren wir ganz langsam weiter. Plötzlich tauchte vor uns ein Panzer auf.

Wir wurden von einem Scheinwerfer angestrahlt. „Hände hoch" wurde gerufen und „ohne Waffen absteigen", alles in Deutsch, was mich einigermaßen wunderte. Wir stiegen aus und wurden von SS-Soldaten in Empfang genommen. Schnell stellte sich heraus, dass wir weder Engländer noch Amis waren und alle waren froh. Ein Obersturmführer klärte uns auf und vereinnahmte uns in seine Einheit. Wir waren bei der „S-Kompanie der Leibstandarte SS-Adolf-Hitler" gelandet. Das „S" stand für „Sicherungs-Kompanie". Zu sichern war der Befehlsstand von unserem „Chef" Sepp Dietrich. Der Befehlsstand war schon vor einigen Tagen abgebrochen worden. Alle befanden sich auf dem Rückzug, den wir nun zu sichern hatten. Als „Verstärkung" wurden wir mit offenen Armen aufgenommen. Für meine Pak erhielt ich sogleich ein Kettenfahrzeug, da es jetzt auch öfter mal quer durchs Gelände ging.

Ich war froh, nun nicht mehr allein auf weiter Flur zu sein. In der Luft sind fast ständig feindliche Flugzeuge. Wir kamen nur wenig voran.

Auf dem Rückzug

Erstmalig erfahren wir etwas über die Gesamtlage. Den Amerikanern ist bei Argentan mit starken Panzerkräften der Durchbruch gelungen. Zur Entlastung greifen starke SS-Verbände von Westen aus an, um den Amerikanern den Nachschub abzuschneiden. Die

Aufmerksamkeit der Amerikaner gilt somit vor allem der Westseite. Gleichzeitig teilt uns der Kompaniechef mit, dass wir eingeschlossen sind. Da unsere „S"-Kompanie keiner Division unterstellt ist und somit keine besonderen Weisungen hinsichtlich ihres Einsatzes bekommt, beschließt unser Kompaniechef, einen Durchbruch in östlicher Richtung zu wagen. Nun nennen wir uns zwar S-Kompanie, - sind aber nur eine kleine Truppe mit wenigen Fahrzeugen. 4 Lkw, 2 Zugmaschinen (Kettenfahrzeuge), 2 Schützenpanzer, 1 Sturmgeschütz, 2 Motorräder mit Beiwagen, 1 Pkw (Kübelwagen) und meine 5 cm-Pak, welche jetzt wieder an einen Lkw gehängt wird.

Im Waldweg werden die Fahrzeuge nun in der Reihenfolge aufgestellt, wie sie durch den Ort fahren sollen. Die schnellen Fahrzeuge voran, Motorräder, Kübelwagen, Lkw, danach Zugmaschinen, Schützenpanzer und zuletzt das Sturmgeschütz. In der späten Nacht, schon etwas Morgendämmerung, eine Zeit, in welcher die Posten immer am wenigsten wachsam sind, geht es los. Erst im Tempo etwas verhalten, dann aber so schnell wie möglich.

Im Ort werfen die Infanteristen vom Lkw nach allen Seiten Handgranaten. Die Zugmaschinen feuern mit den aufmontierten Zwillingsgeschützen und auch aus den Schützenpanzern werden Handgranaten geworfen und mit MGs gefeuert. Es entsteht ein Höllenlärm. Wir haben keinen Ami gesehen und vielleicht auch keinen getroffen. Die waren vollkommen überrascht und schossen hinter uns her, als wir schon ziemlich weit weg waren.

Der Rückzug gestaltete sich nun so, dass wir nachts fuhren und uns am Tage versteckten. Am Tage wurden alle Bewegungen wegen der dauernden Luftbeobachtung nahezu unmöglich. Jagdbomber und die Doppelrumpf-Flugzeuge schossen auf alles, was sich bewegte. Nachts hatten wir einen Vorteil. Die Kompanie hatte ein Nachtsichtgerät, welches auf einem Panzerfahrwerk montiert war. Es hatte fast die Größe und Form eines Horchgerätes der Flak.

Setzten wir eine bestimmte Brille auf, so konnten wir fast 800 – 900 Meter weit Gegenstände erkennen, welche die unsichtbaren Strahlen reflektierten. Da Metalle am stärksten reflektierten, danach Mauern, Holz und nur wenig die Büsche, Gras usw., konnten wir auch feindliche Panzer orten, welche hinter Büschen verborgen waren.

Der Rückzug erfolgte so ziemlich immer nach dem gleichen Muster. Am späten Nachmittag fuhren ein Kradmelder und ein Kübelwagen los, um die Wegstrecke für die nächste Nacht zu erkunden und um in der nächsten Ortschaft für den folgenden Tag eine Unterkunft zu suchen. War das geschehen, so fuhr mit Beginn der Dunkelheit die Kompanie los und bezog die Unterkünfte. Möglichst 1-2 Scheunen für die Fahrzeuge und auch 1-2 Wohnhäuser wurden vorübergehend beschlagnahmt. Wir hatten alle strenge Anweisung, nichts mutwillig zu zerstören. Auf Plünderung stand Todesstrafe. Ist auch nicht vorgekommen.

Nachts wurden das Sturmgeschütz und ich mit meiner Pak am Dorfeingang seitlich der Zugangsstraße in Stellung gebracht. Wir mussten aufpassen, dass der Ami nicht doch mal versuchte, auch am Tage voran zukommen.

Gleich in der ersten Woche ist das einmal geschehen. Gegen Morgen kommen aus nördlicher Richtung drei Panzer auf uns zu. Einer fuhr auf der Landstraße und je einer rechts und links daneben. Kurze Verständigung mit dem Sturmgeschütz. Dieses nahm den Panzer auf der Straße und ich den anderen ins Visier. Auf ein Handzeichen feuerten wir beide gleichzeitig. Trafen auch gut. Beide Panzer brannten und deren Munition explodierte. Der dritte Panzer fuhr schnell rückwärts davon.

Ich befahl sofort Stellungswechsel und zog die Pak ins Dorf zurück. Wir versteckten uns hinter einer Hausmauer. Es dauerte etwa nur 30 Minuten. Zwei Jagdbomber flogen an, warfen Bomben und schossen mit ihren MGs. Von unseren Lkws fingen zwei an zu brennen, Schützenpanzer und Kettenfahrzeuge erhielten leichte Treffer. Wir hatten drei Verletzte, die so gut es ging versorgt wurden und bei uns bleiben konnten. Vom Ort wurden einige Häuser getroffen und brannten.

Unser Obersturmführer hatte es sehr eilig. Noch in der Nacht fuhren wir los. Ich weiß nicht wohin. Überall hörte man Schüsse von Panzern und Gewehrfeuer. Wann und ob überhaupt unser oberster Chef, Oberstgruppenführer Sepp Dietrich bei uns war, kann ich nicht sagen.

Man bekam keine Informationen. Als kleiner Unterscharführer wagte man auch nicht viel zu fragen. Immer nachts fuhren wir noch weiter, änderten auch mal die Richtung, keine Feindberührung.

Uns wurde bekannt, dass die HJ-Division bei Falaise eingekesselt und durch Bombenabwürfe und Artilleriefeuer schwere Verluste erlitten hat. Wieder einmal hatte ich Glück gehabt. Dadurch, dass mein Lkw streikte, bin ich mit meinen Leuten nicht bei der HJ-Division gelandet, sondern fand die „S-Kompanie", mit der ich mich jetzt auf den Rückzug befand.

Selten konnten wir am Tage fahren. Dauernd waren Jagdbomber in der Luft. Eines Tages erreichten wir die Nähe von Chartres und noch einige Tage später kamen wir nachts an die Seine. Dort herrschte ein ziemliches Durcheinander. Alle versuchten, irgendwie über den Fluss zu kommen. Zahlreiche Fahrzeuge, sogar Panzer, standen verlassen im Feld. In einiger Entfernung konnte ich eine Brücke erkennen. Die war vermutlich gesprengt. Auch in der Nacht kamen immer wieder Flugzeuge, welche Bomben warfen und schossen. Unsere Kolonne fuhr am Fluss entlang bis zu einem Ponton, welcher von SS-Leuten bewacht war und offensichtlich auf uns wartete. In zwei Gruppen wurden wir ans andere Ufer gebracht. Im Eiltempo ging es weiter, denn es wurde langsam hell.

In den nächsten Tagen bzw. Nächten fuhren wir ziemlich wild drauflos. Das war jedenfalls mein Eindruck. Ich wusste nicht, wo wir waren und froh darüber, in einer Kolonne zu sein. An ein Straßenschild Metz kann ich mich erinnern. Vor Saarbrücken bogen wir in nördlicher Richtung ab, erreichten Trier und in der Nähe von Prüm in der Eifel den Westwall, eine in der Vorkriegszeit gebaute Verteidigungsanlage mit zahlreichen Bunkern.

Im Westwall

In der Eifel, es muss in der Nähe von Roscheid gewesen sein, wird unsere Gruppe regulären SS-Einheiten zugeteilt. Meiner Pak und Besatzung wird ein Bunker zugewiesen. Der wurde allerdings für eine 3,7-Pak gebaut. Unsere 5cm-Pak bringen wir ziemlich dicht am Bunker in Stellung. Dort bleibt nur ein Posten. Wir übrigen vier machen es uns so gut wie möglich im Bunker bequem. Vor uns befinden sich in den Abhängen versteckte Vorpostenbunker für jeweils 3-4 Mann mit einem Maschinengewehr. Einige Tage haben wir Ruhe.

Doch dann, am 15.9.44 (Geburtstag meiner Mutter) werden wir durch Artilleriefeuer überrascht. Scheinbar planlos schlagen Salven mal hier mal dort ein, jeden Tag etwa 3-4 mal.

Unser Jüngster am Geschütz wird in zwei Tagen 18 Jahre alt. Ich gehe zum Hauptbefehlsstand, um eine Sonderration zu holen (Zigaretten und eine Flasche Cognac). Auf dem Heimweg gerate ich in so eine Artilleriesalve. Schnell werfe ich mich lang hin, Hände verschränkt vor dem Kopf. Den Stahlhelm hatte ich auf. Die Einschläge sind ziemlich dicht. Zunächst glaube ich, nicht getroffen zu sein. Doch dann blutet mein linkes Handgelenk ein wenig und ich bemerke, dass meine Armbanduhr weg ist. Es muss ein kleiner Granatsplitter ganz dicht über mein Handgelenk geflogen sein und meine Uhr abgerissen haben. Geblieben ist eine winzige Narbe, welche noch viele Jahre zu sehen war. Schon wieder Glück gehabt!

Zwei Tage später, wir haben unserem Junior gerade zünftig gratuliert, ruft der Geschützposten „Panzer 11 Uhr!!" (11 Uhr bedeutet die Blickrichtung vom Geschütz aus gesehen). Wir raus aus dem Bunker zum Geschütz. Unsere Stellung liegt am Vorhang eines Hügels, gut getarnt.

Nach einer langgestreckten Mulde liegt uns gegenüber eine andere Hügelkette, etwa 800 m entfernt. Ich visiere den Panzer an und drücke ab, als er sich wieder in Bewegung setzt. (Während einer Geländefahrt konnten damals die Panzer noch nicht einen Punkt genau anpeilen). Nicht getroffen. Zu kurz. Der Panzer fährt zurück hinter die Hügelkuppe. Ein Stück seitwärts kommt er wieder nach oben. Der Fahrer hat wohl nicht bedacht, dass seine Antenne den Panzer hoch überragt. Durch das Zielfernrohr sehe ich seine Antenne und weiß somit, an welcher Stelle er wieder höher kommt. Kaum sehe ich seinen Turm, drücke ich ab.

Vermutlich wieder zu kurz, denn ich sehe nur eine große Staubwolke. Als die sich gesenkt hat, sehe ich keinen Panzer. Noch nicht einmal eine Antenne.

Wir sind sehr angespannt und bleiben die Nacht über am Geschütz. Am frühen Morgen, noch liegt ziemlich dichter Nebel im Tal, plötzlich Maschinengewehrfeuer. Vermutlich der Vorposten. Und dann mehrmals ein greller

Feuerschein. Später erzählt uns ein Landser, dass ein Flammenwerfertank an der Rückseite des Vorpostenbunkers die Stahltür mit seinen Flammen zugeschweißt hat. Dadurch entstand im Bunker eine so große Hitze, dass die drei Kameraden erstickt, verbrannt sind. Nun herrscht bei den Vorpostenbunkern naturgemäß Panik. Der Kommandant möchte auf die Posten aber nicht verzichten.

Ich werde zum Befehlsstand gerufen. Es wird vereinbart, dass meine Pak eine neue Stellung bezieht. Diese wird so ausgewählt, dass ich die Rückseite von zwei Bunkern erreichen kann. Die übrigen werden geräumt. Das alles geschieht vor Beginn der Nacht. In der ersten Nacht passiert nichts. In der nächsten Nacht hören wir Fahrgeräusche und sind sehr gespannt. Ich bekam extra ein Nachtfernglas und kann tatsächlich ein Fahrzeug entdecken, welches sich einem Bunker nähert. Im Zielfernrohr sehe ich kaum einen Schatten und ziele auf das, was sich bewegt. Ich drücke ab - und treffe! Eine große Stichflamme und kurz danach eine gewaltige Explosion. Deren Hitze war trotz einer ziemlichen Entfernung noch so groß, dass die Bunkertür sehr heiß wurde. Es dauerte eine Weile, bis wir die zwei Kameraden befreien konnten. Meine Geschützbesatzung und ich wurden natürlich toll gefeiert. Unser Kommandant lässt die Vorpostenbunker räumen. Nur feindliche Infanterie wird uns nicht angreifen. Wir beziehen wieder unsere alte Stellung am Bunker.

In den nächsten Tagen wieder scheinbar ungezielter Artilleriebeschuss. Es ist spätsommerliches Wetter und wir sitzen im Bunkereingang, als plötzlich eine Salve dicht bei uns niedergeht. Unser Jüngster hat gerade Wache am Geschütz. Ich höre sein Schreien, - Mama – Mama und laufe hin. Es ist schrecklich. Sein linker Arm ist fast abgerissen und baumelt lose im Jackenärmel. Ich weiß nicht, wie ich die Blutung stillen soll und nehme seinen Kopf im Arm. Das Schreien hört auf. Ich muss weinen. Wir sind alle schockiert. Einer hat den Hauptbefehlsstand angerufen, welcher sofort einen „Sanka" (Sanitätskraftwagen) schickt. Bei uns ist das ein Schützenpanzerwagen, welcher an beiden Seiten ein großes „Rotes Kreuz" hat.

Inzwischen bemerkte ich auch meine eigene Verwundung. Ich hatte keinen Stahlhelm auf. Kleine Granatsplitter (Abpraller) hatten mich am Kopf getroffen. Zwei saßen oben in der Stirn, einer in der linken Augenbraue und einer hatte die Oberlippe durchdrungen und saß im Kiefer. Ich spürte kaum Schmerzen. Die Wunden in der Stirn bluteten nur wenig. Die Augenbraue desto mehr und aus dem Mund kam ziemlich viel Blut aus der Oberlippe. Es muss wohl schlimm ausgesehen haben. Die Kameraden umwickelten meinen Kopf mit Verbandspäckchen und ich kam mit in den Sanka. Ein Sanitäter kümmerte sich noch um unseren Jüngsten, welcher aber verblutete, bevor wir im Lazarett ankamen. Nach schneller Fahrt erreichten wir das Lazarett in Andernach am Rhein. Dort herrschte Hochbetrieb. Als „schwer Kopfverletzter" wurde ich gegen meinen Willen eingestuft. Je mehr ich beteuerte, dass es mir gut geht, desto besorgter waren die Krankenschwestern. Ich musste liegen und sollte mich nicht bewegen. Ich kam in den OP und nach wenigen Minuten zeigte mir der Arzt die Splitterchen, welche er mit einer Pinzette rausgezogen hatte. Ich bekam ein Heftpflaster übers linke Auge und eins auf die Lippe. Wieder mal großes Glück gehabt!

Ich half dann einige Tage den Krankenschwestern. Mullbinden aufwickeln, Urinflaschen und Bettpfannen zu den bettlägerigen Kameraden bringen, abholen, leeren, säubern. Auch beim Verbinden half ich. Ich hatte in meinem ganzen Leben noch nie so viel Elend gesehen. Die zumeist sehr jungen Krankenschwestern und Helferinnen habe ich bewundert.

Nach etwa einer Woche kam ich wieder zu meinem Geschütz, zu meinen Kameraden. Die waren sehr erstaunt und hatten nicht damit gerechnet, mich wieder zu sehen (bei den schweren Kopfverletzungen?!). Nach ein paar Tagen tauchten wieder am frühen Morgen Panzer auf. Dieses Mal waren es drei. Sie fuhren nur so hoch, dass die Geschütztürme eben über den Hügelrand reichten. Ein Panzer feuerte einige Granaten ab, welche mehr als hundert Meter entfernt von uns einschlugen. Ich visierte den anderen Panzer an, welcher in der Zeit vermutlich das Gelände beobachtete. Als sein Nachbar schoss, drückte ich ab und traf. Jedenfalls sah ich eine Rauchwolke und alle Panzer verschwanden.

Ein paar Tage später wird erzählt, dass nördlich von uns eine Panzerkolonne durchgestoßen ist, sich dann aber wieder zurückgezogen hat. Als dann von dort wieder

Schüsse zu hören sind und Artilleriefeuer, müssen wir in der Nacht Stellungswechsel machen. Nach verhältnismäßig kurzer Fahrt beziehen wir an einem Waldrand Stellung. Ein ganzes Stück seitwärts soll noch eine weitere Pak stehen. Mir wird erzählt, dass wiederum Panzer die Stellung durchbrochen haben. Vor uns, etwa 600 Meter, verläuft eine Landstraße, auf der weitere Ami-Panzer und Nachschub rollt. Wir können die Fahrzeuge hören. Als der Morgennebel dünner wird, kann ich Panzer und zahlreiche Lkw erkennen. Zunächst visiere ich den am weitesten vorn fahrenden Panzer an und drücke ab und treffe das vordere Laufwerk. Der Panzer liegt nun quer über der Straße mit starker Schlagseite. Wir laden nun Sprenggranaten und beschießen die Lkw. Im Zielfernrohr sehe ich zahlreiche Soldaten aus den Lkw springen und schieße so schnell wie möglich Sprenggranaten ab. Zwei Lkw brennen, als ich von einem weiter hinten fahrenden Panzer beschossen werde. Ich ziele auf den Panzer und drücke ab, denke aber nicht daran, dass ich Sprenggranaten geladen habe. Die Wirkung ist entsprechend harmlos für den Panzer, aber nicht für die Deckung suchenden Soldaten. Der Panzer schießt nicht mehr und ein Soldat winkt mit der „Rote-Kreuz-Flagge".

Ich höre auch auf zu schießen und sehe, wie von hinten Sankas ankommen und Verletzte aufnehmen. Ein noch fahrbereiter Lkw wendet und fährt zurück. Auch Soldaten laufen zurück. Jetzt fährt auch der Panzer langsam zurück und schießt in unsere Richtung hoch in die Baumkronen. Zwei von uns werden durch Splitter noch leicht verletzt. Ich visiere nun den Panzer an und drücke ab. Ich muss ihn wohl getroffen haben, aber er ist schon so weit weg, dass meine 5cm-Kanone keine durchschlagende Wirkung mehr erzielt. Im Laufe des Tages sehe ich noch hin und wieder Soldaten zurückgehen. Ansonsten ist Ruhe, bis auf einmal wieder Jagdbomber auftauchen, die unser Waldstück bombardieren und unter Feuer nehmen.

Wir werden nicht getroffen. Der Angriff erfolgt über 100 Meter seitlich von uns. Am Abend fahren wir wieder in unsere alte Stellung und freuen uns, den Bunker wieder beziehen zu können. Am 23.9.44 muss ich zum Hauptbefehlsstand kommen. Der Kompaniechef verleiht mir das „Eiserne Kreuz II. Klasse". Dazu gibt es eine Flasche richtigen französischen Cognac.

Verwundung und Lazarett

Die Freude ist nur kurz. Es ist der 29.9.44, wir sitzen wieder im Bunkereingang, plötzlich schlägt eine Granate in unmittelbarer Nähe ein. Dieses Mal erwischt es mich richtig. Ein Granatsplitter durchschlägt meinen linken Stiefel, die Ferse und kommt an der anderen Seite wieder raus. Kleine Splitter sitzen im Bein, einer im Kniegelenk. Ich ziehe sofort meinen Stiefel aus und ein Kamerad verbindet die Ferse so gut es geht. Noch zwei weitere Kameraden haben Splitter abbekommen. Einer jammert ziemlich. Er blutet aus der Brust.

Der Sanka ist wieder schnell da und bringt uns nach Andernach. Dort kenne ich mich aus. Von meiner Ferse werden kleine Knochensplitter entfernt, die kleinen Wunden am Bein behandelt. Am nächsten Tag kommt ein Lazarettzug. Zahlreiche Verwundete und auch ich werden eingeladen.

Es beginnt eine mehrtägige Fahrt. Ich möchte noch erwähnen, dass es seit der Abfahrt in Holland nicht möglich war, Post abzusenden. Vom Westwallbunker aus hatte ich an meine Eltern und auch an Rosemarie geschrieben, aber keine Antwort erhalten. Jetzt in Andernach hatte ich wieder zwei Postkarten abgeschickt, so dass meine Eltern und Rosemarie mich in Sicherheit wussten. Ich wusste nicht, wie es zu Hause aussieht und wie es Rosemarie geht. Im Lazarettzug erfuhren wir dann, dass schon im August Paris von deutschen Truppen geräumt worden ist. Im Raum Eupen/Aachen waren die Amis inzwischen auf deutschem Gebiet.

Unser Interesse bezog sich mehr auf die Frage, wo es wohl hin geht und auch, wie sieht es zu Hause aus. Leider habe ich kein Tagebuch geführt. Es hat aber wohl fast eine Woche gedauert, bis der Zug in Böhmisch-Leipa ankam und ich zusammen mit noch mehreren Verwundeten ausgeladen und danach mit Sankas und Lkw zum Lazarett (ehemaliges Schulgebäude) gebracht wurde.

Je nach Art der Verletzung erlebten wie hier als erste „Wohltat" eine warme Dusche oder ein Wannenbad. Es war mir richtig peinlich, als ich von einer jungen Schwester in eine Badewanne gesteckt wurde. Sie half mir

beim Einseifen und Abtrocknen. Nach dieser Erfahrung
hätte ich gern noch einige Wannenbäder erhalten. Die gab
es aber nicht. Mein Fuß wurde noch mal operiert und ich
stolzierte mit Hilfe von zwei Krücken im Lazarett hin und
her.

Gelegentlich spielte ich mit einem Kameraden, welcher
fest im Bett lag, Schach, für beide eine Abwechslung.
Eines Tages entdeckte ich im „Bibliothekszimmer" eine
Zeitschrift „Soldatenbriefe zur Berufsausbildung", im
Anhang der Beginn eines Buchführungs-Lehrganges.
Ferner eine Postkarte an den Verlag, mit der man die
Fortsetzung anfordern konnte. Ich hatte zwar nicht viel
Hoffnung, aber die Karte wurde abgeschickt. Es geschah
ein Wunder. Nach wenigen Tagen bekam ich die Fortset-
zung des Lehrganges. Nun hatte ich genügend Lesestoff.
Auch die Post nach Hannover und nach Plauen zu meiner
Rosemarie klappte gut. Sie hatte Verbindung zu meinen
Eltern und zu ihrer Tante in Hannover aufgenommen.

Im Lazarett geht es mir an sich ganz gut. Zu Weihnachten bekommen wir ein kleines Päckchen mit Süßigkeiten
und Zigaretten. Die einheimische Bevölkerung ist sehr
nett zu uns.

Alle können gut deutsch mit uns sprechen, obwohl
Böhmisch-Leipa zur Tschechoslowakei gehört. Mit meinen
Krücken kann ich ganz gut gehen. Zusammen mit einigen
Kameraden mache ich einen kleinen Stadtspaziergang. Die
Straßenschilder, Plakate, in den Geschäften die Warenbe-
zeichnungen, alles in Deutsch. Von uns Verwundeten
wurden einige auch mal vom „Deutschtum-Verein" (oder
so ähnlich) eingeladen. Uns wird erzählt, dass die dortige
Bevölkerung vor 1939 von den tschechischen Behörden
schikaniert wurde. Öffentlich durfte kein deutsch
gesprochen werden. Wer sich zum Deutschtum bekannte
und politisch sich entsprechend bestätigte, wurde
verhaftet.

Ich kümmere mich mehr um meinen Buchführungslehr-
gang und habe schon zwei Arbeiten an den Verlag
geschickt und zensiert zurück erhalten. Bei uns im
Lazarett liegt auch der ehemalige sächsische „Schachju-
gend-Meister". Als er schon aufstehen konnte, hat er
gegen acht von uns auf einmal gespielt. Alle gewonnen!

Es muss Mitte Dezember gewesen sein, als es plötzlich
sehr unruhig im Haus wurde. Das Lazarett wird verlegt,

zuerst die Bettlägerigen und schwer Gehbehinderten.
Auch ich bekam einen Platz im Lazarettzug. Entlang der
Elbe kam der Zug in Königstein an. Dort oben auf einem
hohen Felsen ist eine berühmt-berüchtigte Festung, lange
Zeit Kriegsgefangenenunterkunft für Offiziere der
Alliierten, jetzt auch oder nur(?) Lazarett. Mit Sankas und
Lkw wurden wir dorthin gebracht und bezogen unsere
neue Unterkunft. Alles sehr ordentlich. Nun erfuhren wir
auch den Grund unserer Reise.

Die russischen Truppen waren auf dem Vormarsch und
hatten fast Oberschlesien erreicht. Von einem Sanitäter,
welcher nach hier vor kurzem versetzt worden war,
erfuhren wir auch ein wenig mehr davon, wie es in
Deutschland aussieht. In West- und Norddeutschland
werden die großen Städte laufend bombardiert. Jagdbomber zerstören Brücken und Gleisanlagen. Auf Lokomoti-
ven wird Jagd gemacht, so dass nur noch wenige Züge
fahren können. Zu Weihnachten erhalte ich aber doch
noch ein Päckchen von meinen Eltern. Sie schreiben, dass
die Innenstadt von Hannover vollkommen zerstört ist.
Von Rosemarie kommt keine Post mehr. Ob sie und ihre
Eltern nicht mehr in Plauen sind?

Ende Januar 1945 erhalte ich wieder einen Brief von
meinen Eltern. Zu meinem Entsetzen muss ich lesen, dass
bei einem Fliegerangriff am 9. Januar das Haus in der
Warstraße getroffen wurde. Alle Bewohner sind zwar heil
aus dem Keller gekommen, mussten dann aber mit
ansehen, wie das Haus völlig ausbrannte. Da das
Treppenhaus schon sehr früh Feuer gefangen hatte,
konnte so gut wie nichts gerettet werden. So wurde mir
später erzählt. Ich habe noch den „Bombenpass", den alle
Bombengeschädigten erhielten. Mit diesem Pass als
Ausweis konnten sie von einem Hilfsdepot Kleidung und
sonstige Gebrauchsgegenstände, auch Bettgestelle
erhalten. Einzeln, pedantisch genau, wird im Bombenpass
notiert, was ausgegeben wurde. „1 Paar Straßenschuhe für
Ehemann und Ehefrau, 2 Matratzen und Bettbezüge, 2
Bettlaken, 4 Handtücher, 1 Wecker, 1 Hose, 1 Taghemd, 1
Kleid, 1 Nachthemd, 1 Büstenhalter, 1 Überziehschlüpfer
usw.. Im Nachbarhaus, Warstr. 20A, können sie eine
kleine Dachgeschosswohnung beziehen. Die Wohnungsinhaberin wurde zusammen mit ihrer kleinen Tochter vor
kurzem evakuiert.

Gleich in den ersten Februartagen erhalte ich von meinen Eltern die Nachricht, dass sie schon wieder total ausgebombt sind. Diesmal wurde das Haus Warstr. 20A erheblich getroffen. Von ihrer Dachwohnung ist nichts übrig geblieben. Sie sind in einem Notquartier vorläufig untergebracht.

Nun mach ich mir aber doch ernsthaft Sorgen um meine Eltern. Es ist schon schlimm, was sie in ihrem Leben an Not und Entbehrungen auf sich nehmen mussten. Als junges Ehepaar den ersten Weltkrieg von 1914 bis 1918, von 1919 bis 1924 die beengten Wohnverhältnisse in Hannover, da Haus und Gartenland in Schüttorf auf Drängen meines Vater verkauft worden waren, die Inflation 1922 bis zur völligen Geldentwertung im Herbst 1923 (im März 1923 wurde ich geboren). Es folgte Kurzarbeit von 1931 bis 1933. Danach bekam mein Vater als Formendreher bei der Continental einen guten Facharbeiterlohn, so dass sie im Haus Warstr. 21 eine schöne 4-Zimmerwohnung einrichten konnten. Das war nun alles verbrannt.

Ich bin wirklich erschüttert, traurig, entsetzt. Ich weiß nicht, was ich sagen, was ich schreiben soll. Wie kann ich meine Eltern trösten? Helfen kann ich auch nicht. Schon früher hatte ich gehört, dass Soldaten und auch marschfähige Verwundete einen Sonderurlaub beantragen können, wenn ihre Eltern oder nahe Verwandte ausgebombt sind.

Ich stelzte mit meinen Krücken zur Schreibstube, legte den Brief meiner Eltern vor und bat um Urlaub. Der „Spieß" (Oberscharführer) zog die Stirn in Falten. Der Brief hätte zur Beglaubigung erst einer Behörde in Hannover vorgelegt werden müssen. Er würde aber ein gutes Wort für mich einlegen. Der leitende Arzt (SS-Obersturmführer) genehmigte eine Woche Heimaturlaub, so die offizielle Bezeichnung.

Heimaturlaub in Hannover

Ich habe Glück. Am nächsten Tag fährt ein Sanka nach Dresden und nimmt mich mit. Am Hauptbahnhof steige ich aus, hänge meinen kleinen Koffer um den Hals, schnappe meine zwei Krücken und stelze los. Im

Bahnhof gibt es eine Dienststelle für reisende Soldaten. Es ist der 8. oder 9. Februar 1945.

Ich habe das Bild noch deutlich vor mir. Der ganze Bahnhofsvorplatz ist voller Menschen mit mehr, zumeist aber weniger Gepäck. Es sind überwiegend Frauen und Kinder, auch einige ältere Männer. Auf den Bahnsteigen das gleiche Bild: Dicht gedrängt sitzen oder hocken die Menschen und hoffen, dass ein Zug kommt, der sie irgendwo hinbringt. Es sind Flüchtlinge aus Schlesien und Böhmen, da dort russische Truppen auf dem Vormarsch sind.

Mühsam stelze ich mich zu der Dienststelle, als gerade auf einem entfernten Bahnsteig ein Zug einfährt. Es ist nicht zu beschreiben, was sich dort abspielt. Alle wollen einsteigen. Alle haben eine panische Angst davor, hier bleiben zu müssen. Zahlreiche Wehrmachtssoldaten und Polizisten sind eingesetzt, um für eine gewisse Ordnung zu sorgen.

Als ein Zug einfährt, entsteht ein Gedränge, fast panikartig: Schreien, Rufen, weinende Frauen und Kinder. Es ist entsetzlich. Zwei Militärpolizisten bringen mich zu einem Wagon, welcher für verwundete Soldaten reserviert ist. Wieder einmal großes Glück gehabt. Zwei Tage später muss Dresden diese schrecklichen Bombenangriffe erleben. In etwa kann ich es mir vorstellen. Diese vielen Menschen auf den Bahnsteigen und auf dem Bahnhofsvorplatz, vermutlich schon mehrere Tage auf der Flucht vor den russischen Truppen und nun völlig schutzlos den Bomben ausgeliefert. Die genaue Anzahl der Toten hat man nie ermitteln können.

Ich bin erleichtert, als sich der Zug in Bewegung setzt und den Bahnhof verlässt. Ich hoffe, bald in Hannover zu sein.

Nach einigen Umwegen ist der Zug endlich in Hannover angekommen. Ich sehe nur Ruinen und bin erschüttert. So hatte ich mir den Bombenkrieg nicht vorgestellt. Aber es fährt schon wieder eine Straßenbahn. Café Kröpke ist noch zu erkennen. Die Bahn fährt durch die Nordmannstraße und ich sehe, dass das Anzeigerhochhaus wie durch ein Wunder unbeschädigt stehen geblieben ist. Nebenan das Goseriede-Schwimmbad ist von einer Bombe getroffen worden. Am Klagesmarkt vorbei fährt die Straßenbahn zur Christuskirche, welche beschädigt ist.

Ich steige aus und sehe fast nur zerstörte, zumindest stark
beschädigte Häuser. Auch das Haus, in dem ich groß
geworden bin, ist eine ausgebrannte Ruine. Im Nachbarhaus, wo meine Eltern zuletzt wohnten, sind die oberen
Stockwerke beschädigt und zum Teil ausgebrannt. Ich
frage in der Nachbarschaft und erfahre, dass meine Eltern
zur Südstadt gezogen sind. Eine Dienststelle für
Bombengeschädigte kann mir Auskunft geben: Patjestraße
6 ist die neue Anschrift. Mit der Straßenbahn fahre ich
bis zur Brauerei, gehe den Altenbekener Bahndamm
entlang (mit zwei Krücken und einen kleinen Koffer am
Riemen um den Hals gehängt) und komme glücklich an.

Den Augenblick des Wiedersehens kann ich nicht
beschreiben. Da werden Gefühle wach und Emotionen
ausgelöst, welche tatsächlich unbeschreiblich sind. Es
dauert eine Weile bis wir uns beruhigt haben. Eine Frau
(die Wohnungsinhaberin) kommt hinzu und gratuliert. Wir
sind alle glücklich. Erst nach und nach begreife ich die
Situation, in welcher meine Eltern sich befinden. Noch
einmal wird geschildert, wie am 25. Januar wiederum die
gesamte, inzwischen erhaltene und gekaufte Habe
verbrennt. Es sind wieder die Phosphor-Stabbomben,
welche den größten Schaden anrichten. In Hannover wird
wieder eine Unmenge von Wohnungen unbrauchbar und
vernichtet. Wer eine Wohnung behalten hat, muss
Ausgebombte aufnehmen.

Mein Vater hatte sich von der Notunterkunft im Luft-
schutzbunker aus, auf den Weg in die Südstadt gemacht.
Er kannte die Anschrift von Rosemaries Tante, welche
zwar auch ausgebombt war, aber schon eine Einweisung in
eine Wohnung in der Patjestraße bekommen hatte. Die
Tante war eine resolute Frau. Sie setzte sich mit ihrer
Nachbarin in Verbindung, welche noch keine Einweisung
bekommen hatte. Die Nachbarin war einverstanden und
nahm meine Eltern auf. Später gingen sie noch zur
Behörde und ließen die Einweisung im Bombenpass
eintragen. Auch dieser Bombenpass ist erhalten geblieben.
Laut Eintragung war ein möbliertes Zimmer meinen
Eltern zugewiesen worden. In der 3-Zimmer Wohnung
lebten nun die Hauptmieterin mit ihrem Sohn, meine
Eltern und ich. Bad, Toilette und auch die Küche mussten
gemeinsam genutzt werden. Das war nicht immer einfach.

Im Zimmer meiner Eltern standen ein breites Doppelbett, ein Schrank, eine Kommode, ein Tisch, zwei Stühle,
ein Sofa und ein kleiner Ofen, dessen Schornstein durch
ein Glasfenster nach draußen ragte.

Ich besitze den kleinen Koffer mit Unterwäsche,
Strümpfen, einem englischen Lehrbuch, dem Buchfüh-
rungslehrgang, einigen Briefen und einem Foto von
Rosemarie. Außer der Uniform, welche ich anhabe, noch
einen Militärmantel. Zwei bis drei Tage gehen schnell
vorbei. Ich muss wieder ins Lazarett zurück. Und wieder
habe ich großes Glück. Die Nachbarin, jene bereits
erwähnte resolute Dame, mischt sich ein und sagt, dass
kommt nicht in Frage. Vielleicht sind die Russen schon in
Königstein. Mit der Straßenbahn fährt sie mit mir ins
Eilenriede-Lazarett und schildert meine Situation. Bei
einer dortigen Untersuchung stellt sich heraus, dass die
Fersenwunde eitert. Diagnose „Knochenmarkseiterung".
Ich muss meine Sachen holen und komme ins Lazarett.
Ein paar Tage später werde ich noch einmal an der Ferse
operiert und werde bald danach zur Außenstelle „Wichernhaus" in Burgwedel gefahren.

Verlegung ins Lazarett Burgwedel

Hier bin ich recht gut untergekommen. Im Zimmer
liegen acht Verwundete, alles nur noch Pflegefälle.
Schwerverwundete und Soldaten, welche noch operiert
werden müssen, liegen im Hauptlazarett Burgwedel. Von
dort aus werden wir auch versorgt. Das Essen ist
erstaunlich gut. Chef im Haus ist ein älterer Arzt, welcher
bereits im Ruhestand war und seine Hauspraxis an einen
Nachfolger übergeben hatte. Mit Beginn des Krieges
wurde er dienstverpflichtet und war nun hier im Wichernhaus gelandet. Im Haus sind noch eine Krankenschwester
und zwei Helferinnen, welche sich auch um die Küche
kümmern.

Jetzt, im März 1945, ist schönes Wetter. Ich gehe mit
meinen beiden Krücken im Garten spazieren und sehe
sorgenvoll, wie fast jeden Tag die Bombengeschwader
über uns in Richtung Berlin fliegen. Am 25.3.45 wird
Hannover noch einmal schwer bombardiert. Immer

häufiger fliegen hier in geringer Höhe auch englische
Jagdbomber.

Ich bin kaum eine Woche hier, da bekomme ich Besuch
von meinem Vater. Mit dem Fahrrad ist er nach Burgwedel gekommen, um zu sehen, wie es mir geht. Er meint,
dass der Krieg nun bald vorüber ist und unsere Zukunft
ziemlich finster aussieht. Wir sind froh, noch am Leben
zu sein und nehmen Abschied von einander. „Grüße
Mutter und gib ihr einen Kuss von mir!" Bald ist meine
Verwundung ausgeheilt und dann komme ich nach Haus.
So trösten wir uns gegenseitig.

Wenige Tage später bekomme ich schon wieder Besuch.
Ich bin total überrascht. Mein Schulfreund Ewald taucht
auf. Wir haben uns Weihnachten 1942 zum letzten Mal
gesehen. Ewald ist bei der Luftwaffe gelandet. Er erzählt
von seinen Einsätzen als Bordschütze in der JU52 im
Raum Stalingrad. Durch ihn erfahr ich auch ein wenig
mehr darüber, wie es „draußen" zugeht. Die Jagdbomber
sorgen dafür, dass ein Eisenbahnverkehr kaum noch
möglich ist. Auch auf den Landstraßen darf sich kein Lkw
sehen lassen. Auf alles was sich bewegt, wird geschossen.
Die Versorgung der Bevölkerung ist an vielen Orten nicht
mehr möglich. Auch in den Städten herrscht Mangel an
Lebensmittel. Zwar werden immer noch mal Marken von
den Lebensmittelscheinen aufgerufen, aber es ist
Glücksache, wenn man etwas bekommt. Vor den Bäckerläden stehen lange Schlangen.

Und dann erzählt er mir, dass seine Flugstaffel aufgelöst wurde und er seit kurzem als Infanterist einer
Feldeinheit an der Westfront zugewiesen worden ist.
Dauernd auf dem Rückzug löst sich die Kompanie
langsam auf. Geschütze sind nicht mehr vorhanden und
die Munition wird langsam knapp zugeteilt. Einige
Kameraden sind auch schon „verloren" gegangen. Die
haben sich Richtung Heimat abgesetzt. Er hat sich
vorsichtshalber für drei Tage einen Urlaubsschein
ausstellen lassen. Vermutlich nimmt er „Dauerurlaub". Er
erzählt noch, dass die Amerikaner im Raum Lüneburg
durchgestoßen sind und wohl bald die Elbe erreichen. Wir
nehmen uns zum Abschied noch einmal in den Arm und
versuchen, die Tränen zu unterdrücken. „Auf Wiedersehen! - hoffentlich - machs gut -." Abschiednehmen ist in
so ungewissen Zeiten besonders schwer.

Mit Rosemarie muss es Unstimmigkeiten, Ärger oder Missverständnisse gegeben haben. Habe ich etwas Falsches oder Schlechtes geschrieben? Ich kann mich nicht mehr daran erinnern, was vorgefallen ist.

Es ist Anfang April. Vom Fenster aus beobachten wir einen Trupp von etwa 20 ziemlich verlumpter Gestalten, welche von Militärpolizei begleitet, besser gesagt, vorangetrieben werden. Nur mühsam schleppen sich die ausgemergelten Männer voran. Sie sind total erschöpft. Später erfahren wir, dass es sich um Häftlinge handelt, welche in ein anderes KZ gebracht werden sollen. Wir überlegen, wenn die Versorgung der Zivilbevölkerung schon unzureichend geworden ist, dann verbleibt für die Häftlinge noch weniger. Unter uns sprechen wir darüber und über unschöne Erlebnisse, die der eine und andere gehabt hat. So gesehen geht es uns nicht nur gut, sondern sogar sehr gut. Trotzdem einigen wir uns schnell darauf, dass der Krieg eine riesengroße Scheiße ist und man uns ganz schön verarscht hat.

POW – Prisoner of War im Lazarett

Ein Datum habe ich mir gut gemerkt: Der 10. April 1945. Beginn der Gefangenschaft.

Gegen Mittag tauchen plötzlich zwei Jeeps auf und halten in unserem Eingang. Auf einem Jeep ist ein Maschinengewehr montiert. Zwei Amerikaner bleiben bei den Fahrzeugen und drei gehen in unser Lazarett. Wir legen uns alle in unser Bett und warten gespannt auf die nächsten Ereignisse. Ein paar laute Stimmen, ansonsten unheimliche Ruhe. Endlich kommt Schwester Hildegard. Jeder soll sein Soldbuch bereithalten und am oder im Bett bleiben. Nach einer Weile betritt in Begleitung von Schwester Hildegard ein großer, pechschwarzer Ami mit umgehängter Maschinenpistole das Zimmer. Zunächst bin ich zu Tode erschrocken. Dann sehe ich unter seinem Stahlhelm ein fast gemütlich grinsendes Gesicht und bin beruhigt. Er hat einen Block in der Hand und notiert unsere Personalien. Das wars.

Ich bin nun P.o.W. - Prisoner of War. Ansonsten hat sich nichts geändert. Allerdings dürfen wir nicht mehr im Garten spazieren gehen. Wir müssen uns immer im Haus

aufhalten. Zu unserer Sicherheit, so wird erzählt, bleibt
ein Jeep mit zwei Soldaten bei uns. Hin und wieder fährt
ein Jeep zum Hauptlazarett und holt Verpflegung und
Versorgungsmaterial. Ansonsten sind wir abgeschnitten
von der Welt und erfahren nicht, was draußen los ist. Mit
Schwester Hildegard habe ich einen recht guten Kontakt.
Sie ist etwa 3 Jahre älter als ich und sehr gebildet. Wir
können uns gut über Dinge unterhalten, welche mehr
außerhalb des Alltags liegen.

Ende April hören wir an einem Nachmittag Lärm und
Geschrei. Ein Trupp von etwa 6 Männern ist ins Haus
eingedrungen. Nun sind wir froh, dass der Ami bei uns
ist. Er schießt zweimal in die Luft und die Männer laufen
weg. Wir erfahren nun, dass es sich vermutlich um
ehemalige Zwangsarbeiter oder auch Häftlinge handelt,
welche plündernd ihre Wut an der deutschen Zivilbevölkerung auslassen. Vom Stadtkommandanten sind in
Hannover ausdrücklich zwei Tage zur Plünderung
freigegeben worden - keine gute Nachricht.

Am 1.Mai hat der Führer in Berlin sich selbst getötet -
eine gute Nachricht! Und dann wieder eine schlechte. Wir
vier Soldaten von der Waffen-SS müssen unsere Sachen
packen und werden abgeholt. Schwester Hildegard nimmt
mich noch mal im Arm, jeder hat Tränen in den Augen.
Es gibt kein „auf Wiedersehen". Ich gebe ihr noch schnell
die Adresse meiner Eltern. „Go on, Go on!" Wir klettern
auf den Jeep und los geht die Fahrt. Zunächst nach
Burgwedel. Dort wartet schon ein Lkw mit noch einigen
SS-Soldaten auf uns. Wir haben kein gutes Gefühl, besser
gesagt, wir haben Angst und wissen nicht, was man mit
uns vorhat.

Die Fahrt dauert nicht sehr lange. Am 6. Mai kommen
wir in Gifhorn an. In einer Schule hat man ein Lazarett
nur für SS-Angehörige eingerichtet, ringsherum viel
Stacheldraht und zahlreiche Soldaten als Bewacher. Wir
sind erleichtert. Allzu schlimm kann es nicht werden. Von
Kameraden werden wir zumeist freundlich begrüßt. Es
beginnen schnell zahlreiche Gespräche. Wo kommst Du
her? Wo warst Du im Einsatz? Wo bist Du zu Haus? usw.
–

Ich habe mich schnell eingelebt. Wir liegen zu acht
Verwundeten in einem Raum und kommen gut miteinander
aus. Das hier ist ein ziemlich großes Lazarett mit

mehreren deutschen Ärzten und Krankenschwestern. Die Verwaltung und Bewachung erfolgt durch englische Militärs. Verpflegung ist nicht üppig, aber ausreichend. Es gibt einen Schulhof und einen ehemaligen Sportplatz mit Rasenfläche und mehreren Bänken. Innerhalb dieser Flächen dürfen wir uns frei bewegen. Die größte Abwechslung besteht darin, Neuankömmlinge zu begrüßen.

Einmal gab es Ärger. Mit mehreren Kameraden stehen wir auf dem Schulhof, als ein großer Sanka (Sanitätskraftwagen) eintrifft. Zwei englische Soldaten springen raus und gehen auf der Rückseite mit Maschinenpistolen im Anschlag in Stellung. Ein dritter Soldat öffnet die Tür und im Sanka befindet sich ein Sanitäter, mit dem er dann zusammen zwei auf einer Trage liegende SS-Soldaten hinausträgt. Wir fangen laut an zu lachen und klatschen Beifall. Die englischen Soldaten werden wütend und vertreiben uns. Die hatten wohl sogar noch vor gehunfähigen SS-Männern Angst.

Wir hörten, dass am 9. Mai 1945 Deutschland offiziell kapituliert hat und waren im Grunde recht froh darüber. Sehr betroffen hat uns eine andere Nachricht aus einer englischen Zeitung, welche ein Kamerad von einem englischen Wachposten erhalten hat. Darin wird berichtet, dass in den KZs und vor allem in einem Vernichtungslager in Auschwitz mehr als vier Millionen Juden von der SS ermordet worden sind. Das kann sich keiner von uns vorstellen. Unter uns ist das jetzt oft und lange ein Gesprächsthema. Jeder fragt jeden. „Hast Du das gewusst?" Dass es KZs gab, war bekannt, aber nur in Form von Arbeitslagern. Einer erzählte von „Moorsoldaten" im Emsland. Häftlinge mussten dort schwere körperliche Arbeiten bei der Moorkultivierung leisten.

Hierbei tauchte auch der Begriff „Kameraden-Polizei" (Kapo) auf. Das waren Häftlinge, welche von der Lagerleitung mit besonderen Vollmachten (und besserer Verpflegung) ausgestattet wurden. Kapos hatten vor allem die Funktion wie ein „Stubenältester" in unseren Kasernen, waren aber auch wohl Aufseher bei den Arbeiten. Von uns erinnerte einer daran, dass die Verwaltung und Bewachung von KZ Aufgabe der Totenkopfverbände gewesen ist und diese von der Waffen-SS organisatorisch getrennt sind. Die Uniform ist

zwar fast so wie unsere. Statt der SS-Runen am Kragenspiegel hat sie einen Totenkopf. Von uns hier hat keiner
Erfahrung mit einem KZ. Kein Wunder, denn wir haben
alle Kriegsverletzungen und die bekommt man nicht als
Bewacher vom KZ. Nach mehreren Gesprächen sind wir
uns einig. Die Geschichte von den Judenmorden ist
Feindpropaganda. Wieder geht mir so durch den Kopf,
wie dumm und ahnungslos ich so gelebt habe, schon in
Holland keine Zeitung, außer Wehrmachtsbericht keine
Nachrichten, auch wohl mangelndes Interesse. Einfach
nur den Augenblick gelebt, wie jetzt auch hier.

Für uns hier im Lazarett ändert sich nichts. Meine
Wunde an der Ferse fängt wieder an zu eitern. Am 11. Mai
werde ich zum wiederholten Male operiert und habe
mehrere Tage Bettruhe. In einem Taschenkalender,
welcher die Jahre mit mir überstanden hat, finde ich die
Notiz, dass am 31. Mai noch einmal operiert wurde.

Die Tage, Wochen sogar Monate gehen dahin, ohne
dass es Besonderes zu berichten gibt. Ich kann mich auch
nicht mehr daran erinnern, ob Briefe angekommen sind.
Im Kalender steht nur, dass ich am 7. August noch einmal
an der Ferse operiert werden musste und dass am 10.8.45
auch Japan kapitulierte und nun mehr der 2. Weltkrieg
endgültig vorbei ist. In Erinnerung geblieben ist mir eine
zufällige Begegnung mit dem hübschen Mädchen aus der
Drogerie, welche mit mir nicht ins Kino wollte. Sie war
Schwesternhelferin. Wir haben uns kurz unterhalten. Sie
verhielt sich sehr reserviert. War mir auch recht, denn ich
hatte mich ein wenig mit Schwester Leni angefreundet.

Sie stammt aus Ostpreußen/Masuren. Drei Fotos hat
sie dabei. Eins vom Herrenhaus, eins von ihren Eltern
und auf einem Foto ist eine längere Reihe von Holzhäu-
sern (mehr Baracken) zu sehen, wo sie mit ihren Eltern
und drei Geschwistern wohnte. Mit 17 Jahren wurde sie
dienstverpflichtet und als Schwesternhelferin ausgebildet.
Da sie zunächst in einem Feldlazarett in Polen, danach in
der Nähe von Berlin und seit längerer Zeit schon hier in
Gifhorn tätig ist, brauchte sie nicht, wie ihre Eltern und
jüngeren Geschwister, vor den Russen fliehen. Sie hat bis
jetzt nichts von ihren Eltern und Geschwister erfahren
und weiß nicht, ob sie noch leben.

Leni ist sehr lieb und anlehnungsbedürftig. Sie tut mir
leid und ich tröste sie gern. Wenn sie Nachtschicht hat,

kommt sie oft an mein Bett und hält meine Hand. Die Kameraden sind richtig neidisch. Vor allem stört es, dass sie immer häufiger an meinem Bett sitzt, auch wenn sie keinen Nachtdienst hat. Sie streichelt dann meinen Arm, mein Gipsbein oder auch mal das andere. Dass sie häufig ihre Nächte nicht mit den anderen im Schwesterzimmer verbringt, ist natürlich aufgefallen. Von der Oberschwester hat sie einen Rüffel bekommen und zur Strafe darf sie nicht mehr mit den anderen zusammen im Raum schlafen. Ihr Bett wird unterm Dach in der Wäschekammer aufgestellt, angeblich um Diebstähle zu vermeiden.

Nachdem ich nach einer 4. Operation im August wieder besser gehen kann (mit nur einer Krücke), besuche ich Leni in der Wäschekammer recht häufig, - nicht nur, um beim Zählen von Kopfkissen und Bettlaken zu helfen. Wenn sie Freizeit hat, treffen wir uns im kleinen Park auf einer Bank. Sie erzählt von ihrem Leben in der Heimat: Landarbeit für den Gutsherren, ansonsten wenig Abwechslung. Hier im Lazarett in Gifhorn ist es ebenso. Bis, ja bis plötzlich Schwester Hildegard aus Gifhorn auftaucht.

Sie hat einen Verwundeten-Transport vom Lazarett Gifhorn nach hier begleitet, um mich zu besuchen. Ahnungslos sitze ich mit Leni auf der Bank, als Hildegard plötzlich vor mir steht. Stürmische Begrüßung mit Küsschen (habe ich von ihr im Wichernhaus nicht bekommen!?). Ich mache die beiden miteinander bekannt und bitte Hildegard, bei uns Platz zu nehmen. Das Gespräch wird schnell ein wenig einsilbig bzw. kommt es zu spitzen Bemerkungen zwischen den beiden Frauen. Mir wird abwechselnd heiß und kalt. Hildegard steht auf, um sich zu verabschieden. Sie muss ja wieder nach Gifhorn.

Nun muss ich zwischendurch berichten, dass Leni von ihrer Bluse meist einen Knopf zuviel geöffnet hat, wenn wir uns treffen. Ich kann dann sehen, dass sie keinen BH trägt. Ist auch nicht notwendig, da sie eine kleine feste Brust hat. Nun steht also Hildegard vor ihr und sagt zum Abschied: „Knöpf mal deine Bluse zu, sonst kriegst du noch eine Lungenentzündung". Ich will auch gerade aufstehen, um mich von Hildegard zu verabschieden, da macht Leni ihre Bluse noch weiter auf, schnappt meine Hand und nach einem kräftigen Ruck habe ich plötzlich ihre nackte Brust in meiner Hand. Ich springe schnell auf.

Leni heult und einige vorübergehende Kameraden feixen.
Ich gehe schnell zu Hildegard, entschuldige das Verhalten
von Leni und begleite sie zum Sanka, der sie wieder nach
Gifhorn bringt. Wir sprechen kein Wort miteinander. Ich
bin total fertig und weiß nicht wie ich mich verhalten
soll. Sie schaut mich nur traurig an und wünscht mir
Glück. Ich kriege kein Wort raus. Nur kurz nehmen wir
uns noch einmal in den Arm und bei beiden glänzen
Tränen. Hildegard wäre eine Frau für mein ganzes Leben
gewesen. Das spüre ich in diesem Augenblick ganz
deutlich. Wir haben nie wieder voneinander gehört.

Nach etwa zwei Wochen ist die schöne Zeit in Gifhorn
dann vorbei. Ende August wird in einer abschließenden
Untersuchung festgestellt, dass die Narbe an der Ferse gut
verheilt ist und somit ein Lazarettaufenthalt nicht mehr
notwendig ist Ich kann inzwischen auch ohne Krücke
gehen.

Gefangenschaft im Munsterlager

Am 18. Sept. 1945 ist es dann soweit: Abtransport
ins Munsterlager.

Zuvor noch schnell eine Nachricht an meine Eltern
geschrieben. Leni weint herzzerreißend und auch mir fällt
der Abschied schwer. Die ungewisse Zukunft belastet
doch sehr. Wir werden auf Lkw geladen und ziemlich
streng bewacht nach Munster gefahren. Der Weg ist nicht
weit Wir kommen in ein Camp nur für SS-Angehörige. Die
Filzung (Durchsicht unseres Gepäcks) verläuft gnädig.
Mein Lehrbuch von der Handelsschule (Kaufmännisches
Englisch für Anfänger) darf ich behalten. Sonstige
Zeitungen und Zeitschriften werden abgenommen ebenso
wie Werkzeuge, Taschenmesser u.ä. Jeder bekommt eine
Decke und dann werden wir in Holzbaracken eingewiesen.

Jeder bekommt eine Holzpritsche, auf der in guten
Zeiten vermutlich mal ein Strohsack gelegen hat. Der
Sack mit etwas Streu ist noch vorhanden. In der Baracke
befinden sich ein kleiner Tisch und zwei Hocker.
Zusammen mit 10 Kameraden hocke ich nun auf meiner
Pritsche und so nach und nach kommen wir untereinander
ins Gespräch. Aber nach wenigen Tagen ist der Ge-
sprächsstoff zu Ende und die Tage dehnen sich endlos

langweilig dahin. Was wir neben unseren bisherigen Erfahrungen haben, ist der ständige Hunger, denn die Verpflegung ist sehr schlecht. Es gibt zwar fast jeden Tag eine große Kelle voll Suppe, welche aus viel Wasser und ein wenig Grünzeug darin besteht, aber der Nährwert ist so ziemlich gleich null. Dazu gibt es für vier Mann ein Brot (englisches Weißbrot in Würfelform).

Die Verteilung in der Baracke geschieht folgendermaßen. Von den vier Kameraden schneidet einer (welcher es am besten kann) vier gleiche Teile. Es ist nicht zu vermeiden, dass die Teile etwas unterschiedlich ausfallen. Nun werden die vier Scheiben auf den Tisch neben einander gelegt. Einer dreht sich mit dem Rücken zum Tisch. Nach Aufforderung nennt er einen Namen, nachdem zuvor auf eine Scheibe gezeigt worden ist. Bei dieser Methode ist gewährleistet, dass keiner bevorzugt wird. Es entsteht kein Streit. In anderen Baracken hat es schon mal Prügeleien wegen der Brotverteilung gegeben. Hin und wieder gibt es auch ein Stück Corned Beef oder Käse. Vor allem aber gibt es hin und wieder Post von zu Haus.

Heute habe ich sogar Post von Leni bekommen. Sie will mich besuchen. Zusammen mit einer anderen Krankenschwester und einem Schreiben vom Lazarett Gifhorn will sie eine Fahrradtour zum Munsterlager machen. Als Krankenschwestern hoffen die beiden mich zu erreichen. Ein Datum ist angegeben. Das spricht sich natürlich herum. Alle sind gespannt, was wohl passiert. Ich bin auch mächtig aufgeregt und halte mich in der Nähe vom Eingang zu unserem Cage auf. (Das Lager war in mehrere Abteilungen - Cage I, Cage II usw. aufgeteilt). Die Zeit will gar nicht weitergehen. Es ist so kurz nach Mittag. Ein Kamerad kommt angelaufen. „Sie sind da! Dort hinten am Zaun!" Ich renne hin. Tatsächlich, am Rand der Sperrzone, etwa 500 Meter entfernt, stehen zwei Krankenschwestern und winken und rufen. Ich schreie so laut ich kann „Leni, - Leni" und winke, bis mir der Arm wehtut. Ich höre, wie mein Name gerufen wird „Heinz – Heinz". Das Rufen und Winken wird weniger. Beide können wir wohl nicht mehr. Die beiden nehmen ihre Fahrräder und fahren wieder nach Gifhorn. Dieser Tag mit dem Wiedersehen war wohl gut gemeint. In meiner Erinnerung ist er der schrecklichste meiner Zeit im Munsterlager. Die eigene

Lage und ungewisse Zukunft war besonders deutlich geworden.

Transport ins Gefangenenlager nach Belgien

Inzwischen ist es Mitte Dezember und im Lager merkwürdig unruhig. In der Suppe sind häufig Kartoffeln und die Brotzuteilung ist verdoppelt worden. Auch Corned Beef gibt es häufiger. Immer öfter höre ich das Gerücht, dass wir verlegt werden sollen. Am 19. Dezember 1945 ist es dann so weit. Sachen packen, antreten, Abteilung marsch. Junge englische Soldaten nehmen uns in Empfang und sorgen mit Stockhieben dafür, dass wir zügig vorankommen, zur Verladerampe, wo ein Zug mit Güterwagen auf uns wartet. Vom Lager hatten wir eine Wolldecke mit bekommen und als Verpflegung ein ganzes Brot und ziemlich großes Stück Käse, welcher abscheulich stank. Die Feldflaschen sind mit Wasser gefüllt.

Etwa 50 Mann kommen in einen Güterwagen, welcher nur oben eine kleine Öffnung zur Luftzufuhr hat. Es ist so eng, dass wir stehen müssen. Sitzen für alle ist nahezu unmöglich. Schon nach einem Tag und einer Nachtfahrt sind die Zustände unbeschreiblich. Fast alle haben die Verpflegung aufgegessen und das Wasser ausgetrunken. Auch wenn der Zug hält, werden keine Türen geöffnet. Es stinkt erbärmlich. Die Frischluftzufuhr ist sehr gering und außerdem muss jeder seine Notdurft dort entrichten, wo er gerade steht. Am zweiten Tag sind einige Kameraden wie tot zusammen gesunken. Kaum einer kann noch stehen. Wenn einer sich hinhockt, setzt sich ein anderer oben drauf. Die Fahrt dauert zwei Tage und drei Nächte. Ich weiß nicht mehr, wie ich das überhaupt überlebt habe.

Der Morgen dämmert, als der Zug hält und die Türen aufgerissen werden. Mit viel Geschrei und Stockhieben werden wir ausgeladen. Ich beobachte, dass drei Mann in unserem Waggon bleiben und sich nicht anrühren. Total erschöpft oder sogar verstorben?

Der Weg ins Lager ist schrecklich. Immer wieder müssen Kameraden hochgeprügelt werden. Manche lassen ihr Gepäck einfach liegen. Ich habe immer noch meinen

kleinen Koffer. Im Lager angekommen werden wir
zunächst wieder gefilzt. Mäntel werden abgenommen. Die
Decken dürfen wir behalten. Auch mein kleiner Koffer
nebst Inhalt wird nicht beanstandet. Wir werden in Zelten
untergebracht. Etwa 30 bis 40 cm tief sind größere
Löcher im Lehmboden gegraben, so dass 6 Mann liegen
können. Darüber ist ein Zelt gespannt. Wir liegen auf dem
nackten Lehmboden, eingerollt in unsere Decke. Es ist
zwar kein Frostwetter, aber lausig nasskalt bei Regenwet-
ter. Nach zwei Tagen bekommen wir eine zweite Decke.
Inzwischen ist bekannt, dass wir in Berchem/Belgien
sind. Wieder ein „Speziallager für SS-Angehörige" mit
doppeltem Stacheldrahtzaun ringsum.

Zwischen den Zaunreihen patrouillieren Soldaten.
Überrascht bin ich vom leidlich guten Mittagessen. Dazu
gibt es aber auch nur ein Stück Weißbrot mit etwas
Margarine. Morgens um 9 Uhr ist „Zeltentlüftung" und
hin und wieder Zählappell. Anschließend laufe ich im
Lager herum und friere. Ins Zelt dürfen wir erst abends
und ein kleines Feuer machen. Der Dreck, getrockneter
Schlamm, wird bald nicht mehr bemerkt. Schreiben ist
erlaubt auf Postkarten, welche zur Verfügung gestellt
werden. Schnell habe ich meine neue Anschrift nach
Hannover gemeldet.

Weihnachten geht vorüber, ohne dass ich davon etwas
merke. Als einige Tage später nachts geschossen wird und
auch ein paar Leuchtkugeln dabei sind, ahnen wir, dass
wohl Silvester ist. Seit zwei Wochen haben wir nichts
mehr zum Feuer machen. Das Mittagessen wird immer
dünner. Heute haben wir Äpfel bekommen. Ein Apfel für
zwei. Das wiederholt sich noch drei bis viermal. Es ist
Ende Januar 1946. Seit drei Tagen gibt es nichts zu essen
und nur zwei Becher Wasser. Das Pumpwerk, welches das
Lager mit Wasser versorgt, ist defekt und kann nur mit
halber Kraft arbeiten.

Wenn ich nicht in meinem Englischbuch lese, stehe ich
meistens mit noch einigen Kameraden in einer Ecke
unseres Cage, von wo aus wir den Haupteingang sehen
können. Da kommt dann schon mal ein Lkw und bringt
neue Kameraden, die dann in einen anderen Cage
kommen. Immer öfter können wir sehen, dass auf der
Ladefläche des Lkw Särge stehen. Vom Nachbarzelt wurde
gestern ein Kamerad ins Sanitätszelt gebracht. Vermutlich

schafft er es nicht, wird erzählt. Ich war heute im Sanitätszelt und berichtete dem Sani, dass ich seit zwei Wochen keinen Stuhlgang mehr gehabt habe. Der lächelte mich freundlich an, klopfte auf meine Schulter und sagte nur: "wovon?" Ich las dann noch das Schild am Eingang: „Tabletten jeder Art nicht vorrätig!"

Inzwischen ist es Februar geworden und es gibt mittags wieder eine Suppe. Beim Sani-Zelt wird auf einer Bank ein großer Topf gestellt. Wir müssen Zeltweise antreten. In unser Kochgeschirr schüttet der Koch dann mit Schwung eine Kelle voll Suppe. Dabei geht immer auch etwas daneben. Ich beobachte nun, dass einige Kameraden stehen bleiben bis alle eine Portion erhalten haben. Der Koch schüttet nun zum Schluss eine Kanne Wasser über die Bank, damit auf dieser keine Essensreste bleiben. Ein paar Kameraden knien nun auf der Erde und suchen diese Essenreste, um sie in den Mund zu stecken. Es ist kaum zu glauben, was Hunger aus Menschen machen kann.

Es ist der 10. Februar 1946 und ich schreibe zum 7. Mal nach Hause. Hoffentlich bekomme ich einmal Antwort. Wie mag es wohl in Hannover aussehen. Meine Eltern werden sich große Sorgen machen. In meinem Notizbuch ist am 15.2. eingetragen: „Heute bin ich glücklich. Die erste Post von zu Haus seitdem ich hier im Lager bin. Gottseidank, dass alles soweit in Ordnung ist Meine Eltern haben Post von Rosemarie bekommen. Ich glaube, es kommt doch noch alles in Ordnung. Man wird älter und nachsichtiger." Die Tage sind höchst langweilig. Bei mir im Zelt wird viel polnisch gesprochen. Die beiden hatten sich freiwillig zur SS gemeldet.

Inzwischen dürfen wir schon ab 12 Uhr heizen, jetzt, wo es nicht mehr so kalt wie im Januar ist. Ich versuche immer in meinem Englischbuch zu lesen, um was zu lernen. Bringt aber nichts, irgendwie geistig zu träge geworden, dauernd dieses Hungergefühl. Zu Rauchen bekommen wir überhaupt nichts. Gehandelt wird am Stacheldrahtzaun mit den Wachposten. Uhren und auch Eheringe werden gegen Brot getauscht. Von den neu Angekommenen haben einige Geld. 50g Tabak kosten 120 – 150 RM, ein Weißbrot das doppelte. Ich habe weder Geld noch was zum Tauschen, lebe aber trotzdem noch.

Es ist der 24. Februar 1946. Nachdem man uns einige Zeit in Ruhe gelassen hat, geht es wieder los. 8 Uhr aufstehen, 9 Uhr antreten (Zählappell), Zelt entlüften bis 10 Uhr. Feuer darf erst nach Ausruf so zwischen 12 und 13 Uhr gemacht werden. Heute stehen wir im strömenden Regen von 8.30 Uhr bis 10.30 Uhr, vollkommen durchnässt. Das Wetter ist auch in den nächsten Tagen ganz scheußlich: Regen, Hagel, mal etwas Schnee und ein Sturm, der durch Mark und Bein geht. Wasser ist jetzt reichlich vorhanden. In der Waschbaracke kann ich mich und auch meine Wäsche waschen.

Mutter würde staunen, könnte sie mich sehen. Wie es ihr und Vater wohl geht? Hoffentlich ist Post für mich unterwegs. Ein Päckchen mit etwas zum Essen wäre nicht schlecht. Aber viel Lebensmittel wird es in Hannover auch nicht geben.

Wie es Rosemarie wohl geht? Was mag sie inzwischen alles erlebt haben? Ob sie mich noch so hart verurteilt? Vielleicht ---? Ich habe manchmal etwas Sehnsucht.

Bei Gesprächen mit Kameraden dreht sich alles ums Essen. Was es früher zu Hause alles gab. Was die Mutter für tolle Kuchen backen konnte. Tolle Rezepte werden erzählt. Von oder über Mädchen redet kaum einer. Komisch!? Als wir früher in der Kaserne satt zu essen hatten, war Thema 1 Mädchen, Mädchen und was für tolle Eroberungen wir (angeblich) schon wieder gemacht haben. So ändern sich die Zeiten.

Am 29.2.1946 werden wir nach Cage 4 verlegt. Es soll zum Arbeitseinsatz gehen. Es vergehen aber noch einige Tage mit Rätselraten. Wann und wohin? Nach Frankreich, England oder sogar Deutschland? Einer will gesehen haben, dass Entlassungspapiere fertig gestellt wurden. Können aber auch Überweisungen gewesen sein. Alles Gerüchte, Gerüchte.

Ich bekomme von zu Haus noch einen Brief. „In Hannover nichts Neues!" Bin aber trotzdem sehr erfreut. Die Verpflegung ist wieder sehr schlecht. Morgens läuft man mit hungrigem Magen herum und wartet auf die dünne Mittagssuppe. Ein englischer Soldat, wir nennen ihn „Foggy", weil das jedes zweite Wort von ihm ist, macht mal wieder viel Lärm und sorgt für Bewegung. Neuerdings wird viel Wert auf Sauberkeit gelegt. Haarschneiden ist angesagt.

Mit einem Gerät, das wie eine große Spritze aussieht, wird uns Läusepulver einmal hinten im Kragen und einmal in die geöffnete Hose mit Druck geblasen. Wir finden das ganz lustig.

Weniger lustig ist, dass es noch mal zu schneien anfängt. Der Schnee taut sehr schnell und der Boden im Lager wird wieder eine große Schlammwüste. Die Tage sind eintönig, langweilig. Abends kriechen wir ins Zelt. Belegung mit 16 Mann. Da liegt man sehr eng, aber auch warm.

Es ist der 14. März 1946. Ich bin 23 Jahre alt geworden und singe nicht das Lied „Schön ist die Jugendzeit....". Hier im Lager ist dieser Tag genau wie jeder andere. Hier kommt keiner oder keine mit einem Blumenstrauß und gratuliert. Zu was auch? Dass ich noch lebe?

Ich denke heute doch ein wenig mehr über mich und über die Menschen nach, denen ich begegnet bin. Mit manchen bin ich doch ziemlich leichtfertig umgegangen. Mehr noch denke ich dann doch darüber nach, was die Zukunft bringt. Man ist ja doch im Grunde egoistisch.

Zweifellos wird eine sehr schwere Zeit noch vor mir liegen. Werde ich die Gefangenschaft körperlich überhaupt durchstehen? Wenn es so weitergeht wie in der letzten Zeit wohl kaum. Oft sehe ich zum Hauptausgang und sehe den Lkw mit Särgen rausfahren.

Zwei Tage später sieht die Welt schon wieder besser aus. Ich habe von meinen Eltern ein Päckchen bekommen! Ich muss zur Verwaltung kommen, um es abzuholen und dort zu öffnen. Papier muss wohl knapp sein. Neben Zeitungspapier hat Mutter als festeres Papier für außen eine Landkarte von Niedersachsen verwendet. Argwöhnisch betrachtet der Engländer die Karte. „Do you slide outside?" fragt er höhnisch. „No, No", sage ich und gebe ihm die Karte. „Bred to control", höre ich nur noch und werde abgeführt, ohne Päckchen.

Ich komme in einen besonderen Cage für Gefangene, die schlecht aufgefallen sind. In mir bricht alles zusammen. Ich bin total verzweifelt und möchte nicht mehr leben. Hier sind noch weitere fünf Kameraden eingesperrt. Die sind beim Tauschen durch den Zaun erwischt worden, Ehering gegen Brot. Wir müssen immer gehen, manchmal auch Laufschritt. Zwei können nicht mehr und sitzen apathisch in einer Ecke. Täglich gibt es einen Napf dünne Suppe und ein Stück Weißbrot. Nach drei Tagen werde ich wieder zur Verwaltung geführt. Dort sitzt ein

Offizier der ganz gut deutsch spricht. Er will wissen wo ich geboren bin (obwohl das in meiner Akte, die vor ihm liegt, bestimmt eingetragen ist), fragt nach meiner Einheit und immer wieder nach Braunschweig.

Endlich fällt mir es ein. Die Reiter-SS, bei der ich kurze Zeit vor der Einberufung war, gehörte zum Gau Süd-Hannover-Braunschweig. Vermutlich wurde in Braunschweig eine Karteikarte oder Akte mit meinem Namen gefunden. Kaum zu glauben, dass die mich hier gefunden haben. Ich versuche nun, diesen Sachverhalt dem Offizier zu erklären. Mein Glück ist es, dass er gut deutsch versteht. Er ist zufrieden, gibt mir das Päckchen und ein Posten bringt mich wieder in den Cage zu meinen bekannten Kameraden.

Es ist, als wenn ich neu geboren worden bin. Im Päckchen sind Kekse und ein paar Zigaretten, welche sich mein Vater abgespart hat. In einem Blatt Zeitungspapier ist die Lebensmittel-Zuteilung der nächsten Periode abgedruckt. Viel mehr als ich haben meine Eltern auch nicht und ich muss besonders an meinen Vater mit seiner großen stillen Liebe denken. Hoffentlich kann ich meinen Eltern einmal Dank sagen.

In meinen Notizen ist unter dem 26.3.46 vermerkt: "Habe es hinter mir. Der Durchfall ist vorüber. Drei Tage lag ich im Zelt. Der Arzt konnte mir nicht helfen. Keine Tablette. Nur gute Ratschläge. Es war halt eine Hungerkur. Man bekommt zwar Schwindelanfälle und kann kaum noch auf den Beinen stehen, aber ich lebe noch. Das Wetter ist immer noch ziemlich kühl. Wir heizen jetzt schon morgens. Waschen ist im Zelt verboten. Heute saßen wir bis 16 Uhr im „vollentlüfteten" Zelt. Die Strohsäcke waren schon einige Male draußen. „Foggy" tobt sich mal wieder richtig aus und scheucht uns hin und her."

Transport nach England – Camp Bury

Zunächst glaube ich an einen Aprilscherz, aber es ist wahr. Am 1. April müssen wir unsere Sachen packen und werden abtransportiert. Es ist das erste Mal, dass alles recht ruhig und ohne Schreien und Prügel vor sich geht. Mit nur 32 Mann kommen wir in einen Waggon

und sind nur von früh morgens bis zum Nachmittag
unterwegs. Vom Bahnhof marschieren wir nach Fort
Merxem. Der Marsch geht ruhig und ohne Hetze. Für alle
trotzdem sehr anstrengend. Ich weiß nicht mehr wie der
Hafen hieß, jeden falls kommen wir an Bord der „Arhus"
und sind einige Stunden auf See Richtung England. Alle
sind wir froh und hoffen auf eine bessere Zeit.

In meinem kleinen Tagebuch schreibe ich am 8.4.1946:
„Inzwischen bin schon einige Tage hier im Lager. Es ist
tatsächlich etwas besser geworden.

Schon der Transport vom Hafen Tilbury nach hier mit
der Bahn war mehr als angenehm. In bequemen Perso-
nenwagen fuhren wir und im Nachbarabteil saßen
freundliche Tommys. Im Lager gab es zum Empfang
gleich Frühstück und die Filzung verlief sehr gnädig. Ich
konnte alles behalten. Wir mussten einen Fragebogen
ausfüllen. Neben Namen, Truppenteil und Dienstgrad
auch politische Fragen wie z. B. „Waren Sie in der
Hitlerjugend? – in der NSDAP ab wann? - Sind die
Deutschen Schuld am Krieg? - Haben Sie Dienst im KZ
gemacht? - In welchem?" und ähnliche.

Auch wurden wir neu eingekleidet. Wir erhielten
ausrangierte, trotzdem saubere englische Uniformen. In
der Hose war links vorn in Oberschenkelhöhe ein Loch
von etwa 10cm im Quadrat herausgeschnitten und durch
ein anders farbiges Stück Stoff ersetzt worden. Im
rechten Hosenbein war das Loch hinten in Unterschen-
kelhöhe und ebenfalls durch ein andersfarbiges Stück
Stoff verdeckt. Anstelle einer Jacke bekamen wir einen
Blouson, wie er auch von englischen Soldaten getragen
wurde. Im Rücken befand sich wieder ein quadratisches
Loch, welches auch durch anderen Stoff verdeckt wurde.
Einige ärgerten sich. „Ich bin stolz auf meine Uniform
und die Abzeichen", sagte einer. Ihm war noch nicht
bewusst geworden, in welcher Lage er sich befand und
dass der Krieg vorbei ist.

Am 10.4.46 werden mehrere Kameraden und auch ich
aufgerufen. Mit Gepäck antreten. Wir haben ein ziemlich
mulmiges Gefühl. Wohin geht es? Wir gehen zum Bahnhof
und müssen in einen ganz normalen Personenzug
einsteigen. Einige Abteile sind für uns reserviert. In
anderen sitzen Zivilisten. Im Nachbarabteil z.B. ein
Pärchen und drei nicht mehr so ganz junge Männer. Ich

rede mir innerlich Mut zu und öffne die Abteiltür. Mache
eine kleine Verbeugung: „Have you a light for me?"
Verblüffte Gesichter. Lächelnd gibt mir einer eine
Schachtel mit Streichhölzern. Ich bediene mich und gebe
die Schachtel mit einem freundlichen „Thank you very
much" zurück. So geschehen ein Jahr nach Kriegsende in
England!

Gegen Abend hält der Zug. Wir müssen aussteigen und
werden mit Lkw in ein Camp, in ein Arbeitslager
gefahren. Nach Ankunft werden wir auf verschiedene
Baracken (Nissen-Hütten) aufgeteilt. Diese sind zum Teil
schon belegt. Schnell stellt sich heraus, dass es Wehr-
machtangehörige sind und auch von der Marine sind
mehrere dabei. Mit diesen finde ich schnell guten
Kontakt. Mir werden Zigaretten und sogar ein Bier
angeboten.

Am nächsten Tag werden nun alle zum Arbeitseinsatz
eingeteilt. Mit Lkw werden wir zu den verschiedenen
Orten gebracht, einige zu Bauernhöfen. Ich komme zu
einer Kolonne, welche Drainagegräben ausbessern oder
auch neu ausgraben soll. Ein bewaffneter Soldat soll wohl
aufpassen, dass keiner davon läuft. Ein älterer Engländer
ist der Aufseher und teilt jedem ein Stück zu, welches
ausgehoben werden soll. Wir Neuen sind noch zu
schwach, um das vorgesehene Stück zu schaffen. Das gibt
Geschimpfe vom Aufseher und Ärger mit den anderen
Kameraden, welche unseren Teil mit übernehmen müssen.

Nach 1 – 2 Wochen schaffe aber auch ich mit Mühe
und Not meinen Teil. Die gute Verpflegung macht sich
bemerkbar. Wir können uns richtig satt essen. Einige
Kameraden kommen aber in Schwierigkeiten. Der Magen
und der Darm sind kräftiges Essen nicht mehr gewohnt.
Gleich in der ersten Woche wurde ein Todesfall bekannt.
Zwei weitere folgten, obwohl die Kranken vom Lazarett
in ein richtiges Krankenhaus gekommen waren.

Wieder hatte ich Glück. Der Kamerad von der Marine,
mit dem ich mich angefreundet hatte, arbeitete in der
Küche. Wenn die Essensausgabe vorbei war, stand ich am
Hinterausgang und erhielt in einer Marmeladendose eine
Portion Porridge. Davon blieb in der Küche meistens
etwas übrig. Für meinen Magen und Darm war Porridge
eine Wohltat. Außerdem schränkte ich mein Rauchen stark

ein und tauschte Zigaretten gegen Corned Beef und
ähnliches.

Einige Kameraden versuchten, durch übermäßiges
Rauchen krank zu werden, um dann entlassen zu werden.
Das klappte auch meistens. Die Briefe von meinen Eltern
konnten selten was Gutes berichten. Zu Hause war Not
und Elend. Ich konnte einmal lesen, was an Lebensmittel
laut Karte im Monat zustand. Da ging es mir hier besser.
Mein Arbeitseinsatz änderte sich. Ich komme mit einigen
anderen zum Bauern, Rüben hacken. Habe das noch nie
gemacht und hacke meist daneben. Der Bauer schimpft
mit mir und will wissen, was ich von Beruf bin. „Mer-
chant", sage ich und er schickt mich fluchend vom Feld.
Ich komme zum Hof. Dort steht ein Lkw, welcher
entladen werden soll. Säcke mit Weizen, jeweils ein
Doppelzentner. Vom Wagen wird mir ein Sack auf die
Schulter gelegt. Nach wenigen Schritten fällt der Sack mit
mir um!! Am nächsten Tag bringt mich der Aufseher zu
einem großen Kuhstall, den ich ausmisten soll. Der Mist
liegt etwa zwei Meter (!!) hoch und soll auf einen
Leiterwagen geladen werden. Ich lasse es ruhig angehen.
Mich stört keiner und ich bin zufrieden. Nach einer
Woche ist der Arbeitseinsatz vorbei und es beginnt wieder
ein ruhiges Lagerleben.

Vom Lagerleiter wird bekannt gegeben, dass eine
„Demokratische Arbeitsgemeinschaft" gegründet worden
ist. Wir werden aufgefordert, freiwillig daran teilzuneh-
men. Nur wenige melden sich. Ich denke, dümmer kannst
du nicht werden und melde mich auch. Zweimal in der
Woche ist in einer Baracke neben der Verwaltung
Unterricht und Aufklärung über Demokratie und sonstige
politische und auch wirtschaftliche Begriffe. Unterrich-
tender ist ein recht gut deutsch sprechender Engländer im
Offiziersrang.

Auch das Judenthema wird behandelt und ich höre zum
ersten Mal das Wort „Holocaust". Ich kann nicht
begreifen, was da alles geschehen sein soll. Einer meint
nachher, dass das alles nur Kriegspropaganda ist. Die
meisten von uns werden aber doch recht nachdenklich.
Einige kommen nicht wieder, obwohl es bei diesen
Zusammenkünften Tee, ein paar Kekse und zwei
Zigaretten gibt. Nach drei Wochen ist Schluss mit der
Aufklärung. Ich melde mich dann zur Theatergruppe,

welche sich gebildet hat. Wir üben ein paar lustige Sketche ein und haben selber am meisten Spaß daran.

Höhepunkt ist unsere „Marlene Dietrich". So gut es geht und mit Hilfe der Lagerverwaltung wird einer von uns als Marlene verkleidet. Er singt: „Ich bin von Kopf bis Fuß auf Liebe eingestellt..." mit großem Erfolg. Ich singe das Lied vom armen, schönen Gigolo und unser kleiner Chor singt zum Schluss „It's a long way...". Es gab auch noch einen Ernteeinsatz. Wir wurden zu einem Feld gefahren, auf dem hoch aufgeschichtet Getreide gelagert war. Etwa 5 Meter im Quadrat und drei bis vier Meter hoch waren die Mieten. Die einzelnen Garben mussten auf einen Wagen verladen werden, welcher dann zur Dreschmaschine fuhr. Stroh und Kornsäcke wurden zum Bauernhof gefahren.

Als wir ankamen, wurde schon fleißig gearbeitet. Zur großen Überraschung war der weibliche Arbeitsdienst im Einsatz und wir sollten nun bei der Arbeit helfen. Nachdem die jungen Mädchen den ersten Schock überwunden hatten, gab es eine erfreuliche Zusammenarbeit. Selten hat uns und den Mädchen Arbeit so viel Freude gemacht. Bei dieser Gelegenheit stellten wir fest, dass die Mädchen als Verpflegung auch nur ein paar Scheiben Weißbrot, bestrichen mit Margarine und dazwischen ein Salatblatt, dabei hatten.

Inzwischen war Herbst geworden. Obwohl das Lagerleben zwar stumpfsinnig, aber doch leidlich zu ertragen war, sehnte sich jeder nach zu Hause. Krank werden durch wenig Essen und viel Rauchen hatte ich schon erwähnt. Wer „unfit" war, wurde nach Hause geschickt. Die „Rauchermethode" erschien mir zu gefährlich. Ich besorgte mir in der Küche einen Knochen. Davon schabte ich einen ganz kleinen Splitter ab und drückte diesen in die Wunde an der Ferse. Nach ein paar Tagen fing ich an zu humpeln und ging zur Sanitätsbaracke. Dort wurde die Wunde gereinigt und es kam ein Pflaster drauf. Nach ein paar Tagen drückte ich wieder einen Knochensplitter in die Wunde und ging zur Sanitätsbaracke. Dieses „Spielchen" wiederholte ich im Verlaufe einiger Wochen mehrmals, bis dann eine Eiterung eintrat. Der Fuß schwoll etwas an und ich konnte keinen Schuh mehr anziehen.

Nun wurde ich in ein Krankenhaus nach Oxford gefahren und dort untersucht. Nach einer Nacht im Krankenhaus wurde ich wieder ins Lager gebracht. In meinen Papieren stand „unfit". Ich hatte erreicht was ich wollte. Ich konnte nun meinen Eltern schreiben, dass die Entlassung nicht mehr in weiter Ferne liegt. Erfreut schrieben meine Eltern zurück. Es begann nun eine innerlich aufregende Wartezeit. Die Ungeduld wurde immer stärker. Am 25.9.1946 ist es dann soweit.

Entlassung aus der Gefangenschaft

Die Entlassung beginnt! Zusammen mit 14 Kranken muss ich zur Filzung. Sie verläuft sehr gnädig. Ich darf auch eine Corned-Dose voller Schrauben, Nägel u.ä. mitnehmen, die ich für zu Hause gesammelt habe. Mein Vater hatte mal geschrieben, dass es schwierig sei, einen passenden Nagel zu bekommen. Unsere Seesäcke bleiben gleich draußen in der Wache. Nachdem auch die nötigen Formulare ausgefüllt sind, sollen wir erst noch mal in unsere Baracken gehen. Am 27.9. geht es dann los. Frühmorgens besteigen wir einen Lkw, der uns nach Swindon zum Bahnhof bringt. Wir fahren in Personenzügen, teilweise zusammen mit Zivilisten im gleichen Abteil. Ungewohnt. Ein Engländer reicht mir wie selbstverständlich seine Zeitung. Zweimal müssen wir umsteigen. In Oxford verteilt unser Posten Birnen an uns. Ich fühl mich wie auf einer Urlaubsreise.

Wir besteigen wieder einen Lkw, welcher uns nach Moroton (Camp 157) bringt. Am Lagereingang wieder das übliche, Filzung. Aber mehr Formsache, Seesack auf - wieder zu, kaum reingesehen. Ich komme ins Cage C, wieder die üblichen Blechbaracken. Warten, warten. Jeden Tag wächst die Ungeduld. Inzwischen ist bereits der 30.9. und die Parolen überschlagen sich. Jeder weiß etwas und alle wissen trotzdem nichts. Am 4. geht es los! Nein, erst am 6. Auch nicht, aber am 11.10. ganz bestimmt. Neue Meldung: „Ende des Monats". Das nervt.

In den Nissen-Hütten ist es recht ungemütlich, kalt, eng und kaum eine Sitzgelegenheit. Die Kantine ist sehr groß. Man kann jede Menge Rauchwaren, Kuchen usw. kaufen. Aber kaum einer hat Geld. Was gegen Geld zu tauschen war, wurde schon im Arbeitslager umgesetzt. Es wird bekannt gegeben, dass wir jede Menge Kantinenwaren mitnehmen dürfen. Viele sind misstrauisch. Wer weiß, wie die nächsten Filzungen verlaufen.

Für Unterhaltung wird im Camp gut gesorgt. Fast jeden zweiten Tag gibt es Kino. Gestern spielte sogar eine kleine Jazz-Band für uns. Aber trotzdem wird jeder Tag gefühlsmäßig zur Woche. „Wir wollen heim - uns reichts!"

Es ist der 1. Oktober. Ein neuer Transport ist eingetroffen. Die Kameraden werden in noch leerstehende Nissen-Hütten eingewiesen. Einige, auch ich, müssen noch mal zum Arzt. Bekomme einen neuen, dünnen Verband und kann wieder einen Schuh anziehen. Eine Krücke darf ich behalten. Ein Tag vergeht wie der andere. Die Verpflegung wird immer etwas weniger. Wir haben alle ein wenig Hunger und warten auf das nächste Essen. Das Rauchen habe ich trotzdem stark eingeschränkt. Zwei Zigaretten pro Tag, das muss genügen. Ich will doch möglichst viele mit nach Hause nehmen. Vater raucht doch auch gern.

Abends vor dem Einschlafen träume ich von zu Hause und auch am Tage versuche ich mir vorzustellen, wie es dort wohl aussieht. Durch den Lagerwechsel habe ich schon lange keine Post mehr bekommen. Heute habe ich wieder geschrieben und mitgeteilt, dass ich im Entlassungslager bin und wohl bald zu Hause sein werde. Vielleicht bin ich ja eher zu Haus als der Brief. Schön wärs ja. Sweet, sweet home. Immer öfter meldet sich der Hunger. Es ist fast schon wie in Belgien.

Inzwischen ist es schon der 16.10. geworden. An das wenige Essen hat man sich inzwischen gewöhnt. Gut, dass viel Unterhaltung geboten wird, Filme und Konzerte. Die Abende sind dann nicht so lang. Morgens sitze ich oft in der Lesehalle. Leider langt mein Englisch nicht, um alles zu verstehen. Habe heute erfahren, dass ich zum zweiten Trupp gehöre, welcher eingeschifft werden soll. Am 21.10. soll der erste Trupp (etwa 500 Mann) und zwei Tage später der zweite Trupp starten. Hoffentlich, ich kann an Parolen nicht mehr glauben, und doch hoffe ich von Tag zu Tag. Es vergeht keine Nacht und kein Tag ohne Gedanken an zu Haus. Wie mag es den Eltern gehen? Wie sieht es in Hannover aus?

Heute ist der 22.10. und endlich ist es soweit. Gestern ging der 1. Transport ab und heute Nachmittag wurden wir gefilzt. Es war eigentlich nicht mehr als eine Seesackabgabe. Wieder heißt es warten, warten. Am 24.10. müssen wir dann ganz früh antreten. Ab zum Bahnhof. Der Zug fährt zum Hafen Hull in der Humber-Mündung. Etwa um 16 Uhr verlässt das Schiff den Hafen und soll schon am nächsten Tag gegen 16 Uhr in Cuxhaven einlaufen. Die Stimmung an Bord ist großartig. Alle sind mehr oder weniger high.

Mir geht es gesundheitlich ausgesprochen schlecht. Die anfänglich nur gewöhnliche Erkältung hat sich zu einer Bronchitis entwickelt. Bronchitis kenne ich ja schon seit meiner Kindheit. Hatte mir zwar schon am 19. Medizin geholt, konnte es aber nicht wagen, noch einmal zum Arzt zu gehen. Mit Fieber wäre ich bestimmt nicht aufs Schiff gekommen. Die letzten Tage waren schon recht schlimm. Morgens schon früh aufstehen und herumstehen oder antreten und warten auf Erledigung des Papierkrieges. Dabei Husten, aber nicht merken lassen, dass ich Fieber habe. Auch hier an Bord muss ich viel Husten und habe schreckliche Kopfschmerzen. Das hat aber den Vorteil, dass ich keine Zigaretten mehr rauche und auch keinen Appetit habe. Über allem steht aber die Freude auf zu Haus.

Am 25.10. kommt das Schiff gegen 19 Uhr in Cuxhaven an und wir besteigen einen wartenden Personenzug, welcher uns nach Munster bringt. Ankunft etwa gegen 8 Uhr morgens. Jetzt erst erhalten wir unsere Seesäcke zurück (Toller Gepäck-Service wie im Urlaub!!) Lkws bringen uns ins Lager. Dort erst mal wieder Schlange stehen, Formulare ausfüllen und warten. Wir von der SS werden aussortiert und kommen in einen separaten Cage. Gegen Abend bekommen wir eine warme Suppe, welche wir stehend bei eisigem Wind auslöffeln. Seit der letzten Mahlzeit sind 16 Stunden vergangen. Noch in der Nacht werden wir nach Regierungsbezirken geordnet in Baracken eingewiesen. Dort liegt etwas Stroh auf der Erde. Jeder erhält eine Decke und zu zweit eine weitere Decke, um uns darauf zu legen.

Die Nacht ist kurz. Kaum zwei Stunden gelegen und schon wieder aufstehen. Wir bekommen doppelte Verpflegung und dann, kaum habe ich Zeit zum Essen, geht die Fertigstellung der Entlassungspapiere vonstatten. Erst die Gruppen A und B, dann die C-Leute und zum Schluss die „Nichteingestuften", zu denen auch ich gehöre. Warten, warten, - schon sehe ich meine Entlassung in Frage gestellt.

Meine Bronchitis macht sich sehr bemerkbar. Ich kann kaum noch auf den Beinen stehen. Endlich werde ich aufgerufen und nach einem kurzen Verhör bekomme ich meinen Entlassungsschein, 40 RM und kann zur Baracke gehen. Der Seesack wird mir ungeöffnet ausgehändigt. Es ist etwa 11 Uhr und ich kann mich endlich mal hinlegen. Die Ruhepause dauert nicht lange. „Gruppe Hannover, Hildesheim, Stade usw. antreten". Von einem Lkw werden wir nach Hannover gebracht, zum Eintracht Sportplatz, wie ich später feststellte. Vom Roten Kreuz erhalten wir zu trinken und auch eine gute Suppe. Sogar eine Marschverpflegung wird zugeteilt. Nach kurzem Aufenthalt bringt uns der Lkw zum Hauptbahnhof und wir sind endgültig frei. Schnell werden noch ein paar Adressen ausgetauscht. Die meisten haben Freudentränen in den Augen beim Abschied. Jeder will schnell nach Hause und keiner weiß, wie es dort aussieht.

Von Hannover sehe ich zunächst nur Trümmer, ausgebrannte Häuser, Trümmerschutt noch an manchen Stellen. Die Straßenbahn fährt aber schon wieder und so bin ich bald in der Südstadt. Es ist etwa 19 Uhr, als ich in der Patjestraße (später in Börnestraße umbenannt) ankomme und von meinen Eltern unter Tränen in Empfang genommen werde. Die Freude lässt sich nicht beschreiben. Als noch 18-Jähriger im Januar 1942 von den Eltern verabschiedet und jetzt, Ende Oktober 1946 endlich

Wieder daheim.

Wieder daheim in Hannover

Das „Daheim" meiner Eltern und mir besteht aus dem einen Zimmer in der Patje-Straße.

In den ersten Tagen habe ich mit meinem Vater zusammen im Doppelbett geschlafen und Mutter im Sessel. Recht schnell hatte Vater aber einen Sack und Stroh organisiert. Dieser Strohsack war nun meine Schlafstelle

und wurde tagsüber unters Bett geschoben. Meine
Bekleidung bestand nach wie vor aus der englischen
Uniform, aus welcher in der Hose und im Blouson große
Löcher geschnitten waren. Auf diesen Löchern war
anderer Stoff aufgenäht. Auf diese Art konnte man schon
von weitem den PoW erkennen. Meine Mutter trennte die
Flicken ab und nähte diese richtig ein, so dass es schon
erheblich besser aussah.

Die Uniform brachte meine Mutter dann nach C & A
Brenninkmeier. Dort wurde die Uniform einheitlich
gefärbt. Jetzt war aus der Uniform ein Anzug geworden.
Nun traute ich mich auf die Straße und ging zum
Ordnungsamt, legte meinen Entlassungsschein vor, bat
um Wohnungseinweisung, Lebensmittelkarte, Personal-
ausweis usw. Als ich auch um eine Kleiderkarte bitte, sagt
der vor mir sitzende ältere Herr: "Für Kriegsverbrecher
haben wir noch keine Bekleidung" und gibt mir meinen
Entlassungsschein, aus dem zu ersehen ist, dass ich
„Unterscharführer der Waffen-SS" gewesen war, zurück.
Dieses ist der wohl schrecklichste Augenblick in meinem
Leben. Ich gehe kreuz und quer durch die Straßen mit den
ausgebrannten Häusern und Trümmern und traue mich
nicht nach Hause. Nach einer Weile komme ich doch nach
Hause. Vater und Mutter sitzen ahnungslos am Tisch und
ich schreie unter Tränen: "Euer Sohn ist ein Verbrecher!"

Es wird ein langer Abend. Vater und Mutter erzählen,
was im Krieg alles passiert ist und nun nach und nach
erzählt und beschrieben wird. Mutter holt Zeitungsartikel
über den „Nürnberger Prozess". Die gesamte SS ist zur
verbrecherischen Organisation erklärt worden mit
Ausnahme der Reiter-SS. Das macht mich richtig wütend.
Denn in der Reiter-SS war der „Geld-Adel" des Dritten
Reiches Mitglied. Denen war die SA zu popelig und gute
Beziehungen zu Partei-Oberen erhielt man über die
Reiter-SS.

Tagelang lese ich nun ältere Zeitungen, welche meine
Mutter aufbewahrt hat. Nur langsam kann ich begreifen,
was alles im Namen von „Führer, Volk und Vaterland"
geschehen ist. Es ist ungeheuerlich und im Grunde kann
ich auch jetzt noch, als ich diese Zeilen nach rund 60
Jahren schreibe, nicht verstehen, wie ein ganzes Volk
Hitler zu jubeln konnte, wie mehr als tausend Menschen

im Saal begeistert „Sieg Heil, Sieg Heil" rufen konnten, als Göbbels fragte: "Wollt ihr den totalen Krieg?"

Nun war ich also Mitglied einer verbrecherischen Organisation und muss gestehen, dass mich das noch heute, in mancher stillen Stunde und vor dem Einschlafen beschäftigt. Im Grunde genommen habe ich wieder einmal im Leben ganz großes Glück gehabt insofern, als ich persönlich nichts Unrechtes getan habe. Mein Nasenbluten und die damit verbundene körperliche Untauglichkeit bewahrten mich vor einer Mitgliedschaft im SD (Geheimdienst).

Der defekte Motor des Lkw in Paris war Ursache, dass ich meine Truppe (HJ-Division) in Frankreich nicht wiederfand und bei der Sicherungs-Kompanie ankam, welche auf schnellen Rückzug eingestellt war. In der Eifel erwischten mich ein paar Granatsplitter und sorgten dadurch dafür, dass ich im Lazarett das Kriegsende mit all seinen schrecklichen Folgen für die deutschen Soldaten, welche in Gefangenschaft gerieten, besser überstand. Das Unglück meiner Eltern (zweimal total ausgebombt) war für mich ein Glück, denn ich durfte 1945 nach Hause fahren und kam dort in ein Lazarett. Vermutlich wäre ich sonst in russische Gefangenschaft geraten und hätte als SS-Mann wohl kaum überlebt. Überlebt habe ich auch die schlimme Zeit in Belgien und bin wieder bei meinen Eltern angekommen.

Mein ziviles Leben beginnt

Ich mache mich auf den Weg zur Continental. Lt. Gesetz ist das Arbeitsverhältnis durch den Wehrdienst nicht unterbrochen. In der Personalabteilung findet man meine Personalakte und alles scheint in Ordnung. „Ihren Entlassungsschein brauche ich noch", sagt der Angestellte und zieht die Augenbrauen hoch. „Sie waren also in der SS" höre ich noch und einen Vortrag über Entnazifizierung, Abarbeiten einer Schuld und Aussicht auf Wiedereinstellung als Angestellter in späterer Zeit. Es ist verdammt schwer sich zu beherrschen. Nach kurzem Wortwechsel wird das Arbeitsverhältnis „im gegenseitigen Einvernehmen" unter Anrechnung von Urlaubsansprüchen

zum 31.12.1946 beendet. Empfohlen wird mir, mich recht
bald beim Arbeitsamt zu melden.

Meine Mutter hatte fürsorglich alle wichtigen Papiere
während der Bombenangriffe mit in den Keller genommen, so dass ich mich nun als kfm. Angestellter mit
Schwerpunkt Buchführung bewerben kann. Zwei Firmen
reagieren nicht (war ja auch bald Weihnachten). Eine
dritte Firma bestellt mich zum Vorstellungsgespräch. Ein
Prokurist empfängt mich und sieht meine Unterlagen
durch. Wie erwähnt, hatte ich während der Lazarettzeit in
Böhmisch-Leipa einen Fern-Buchführungskurs mitge-
macht. Das entsprechende Zeugnis lag dabei. Daher meine
Bewerbung als Buchhalter. Im Zeugnis der Continental
war nur allgemein Rechnungs- und Prüfungswesen
besonders vermerkt. Ich habe den Eindruck, dass der
Prokurist recht wohlwollend alles prüft. Er lässt einige
Kopien machen, „für den Chef". Nettes Gespräch, keine
Frage nach der SS. „Sie hören in den nächsten Tagen von
uns." Ich bin ganz zuversichtlich. Auch meine Eltern
freuen sich.

Es gibt allerdings auch eine unangenehme Geschichte.
Wir sind ja Untermieter mit Bad und Küchenbenutzung.
Gekocht wird mit Gas. Die Verbrauchsmenge ist
beschränkt und wird zugeteilt. Am Gaszähler hängt ein
Heft. Darin trägt jeder seinen Gasverbrauch ein. Danach
wird auch ausgerechnet, wie viel jeder Haushalt zu
bezahlen hat. Mit gegenseitiger Rücksichtnahme hat es in
den vergangenen Wochen auch ganz gut geklappt.

Heute aber kommt Frau X zu meinen Eltern und sagt:
„Mein Sohn hat heute Morgen seinen wertvollen Finger-
ring verloren, vermutlich im Badezimmer. Nach ihm ist
ihr Sohn im Bad gewesen. Hat er den Ring gesehen?" Die
Frau ist höflich und spricht den Verdacht nicht aus.
Meine Eltern und ich sind natürlich recht unglücklich.

Ich spreche ihn an und frage nach. Er hat schon überall
nachgesehen. Ich gehe ins Badezimmer und suche in allen
Winkeln und Ecken. Plötzlich sehe ich den Ring! Auf der
Galerie stehen zahlreiche Dosen und glitzernde Fläsch-
chen, Seifenschalen usw. Eine kleine Parfümflasche hat
einen nach oben fast spitz auslaufenden Griff. Und darauf
hängt der Ring. Ich lasse den Ring hängen und rufe
Werner. Er bestätigt sofort, dass er den Ring dort

abgelegt hat. Die Freude ist groß bei allen Beteiligten und fast hätte seine Mutter mich in den Arm genommen.

Am nächsten Tag erhalte ich eine Einladung. Ihre Tochter kommt zu Besuch und wir könnten uns am Abend ja mal etwas unterhalten. Ich erfahre, dass deren Freund gefallen ist. Sie ist etwa 2 – 3 Jahre älter als ich. Die Unterhaltung verläuft etwas steif. Man kennt sich nicht und keiner mag über persönliche Dinge reden. Auch wenn die Mutter sich Mühe gibt, es funkt nicht zwischen ihrer Tochter und mir. Auf jeden Fall ist das Verhältnis zwischen der Frau X und uns wesentlich besser geworden.

Zwei Tage vor Weihnachten dann die große Überraschung. Es klingelt an der Wohnungstür und ein Bote bringt ein an mich adressiertes Telegramm. Es lautet: "Bewerbung angenommen. Dienstantritt am 2.1., Danker". Ich hatte mich bei der Firma „Auto-Dank" beworben. Die Freude ist riesig. Alle gratulieren. Meine Mutter weint vor Freude und ich bin über dieses „Weihnachtsgeschenk" auch sehr froh. Noch jetzt möchte ich sagen, dass ich mich über ein Weihnachtsgeschenk nie wieder so sehr gefreut habe wie Weihnachten 1946.

Einstellung bei Fa. Auto-Dank

Mit dem Neuen Jahr 1947 begann ein neues Leben. Ich bin natürlich mächtig aufgeregt, als ich die Straßenbahn in Wülfel verlasse und auf das kleine Bürogebäude zugehe. Im Erdgeschoss melde ich mich beim Prokuristen und werde ganz freundlich begrüßt. Er telefoniert mit der Sekretärin vom Chef, Frl. Sermund. Die junge Frau holt mich ab und bringt mich in die erste Etage zum Chef. Kurze, aber nicht unfreundliche Unterhaltung. Ich erfahre, dass der Chef auch Lehrling bei der Continental gewesen war. Er bringt mich zur Buchhaltung und stellt mich kurz vor: „Ihr neuer Mitarbeiter".

Leiter der Buchhaltung ist Herr Böcker, ehemals Direktor der „Bank der Deutschen Arbeit". Später erfahre ich, dass er Parteimitglied war und nun auf seine Entnazifizierung wartet. Seine Stellvertreterin ist eine sehr rundliche Dame, Frl. Toelk, welche auch die Kasse führt. Mein Kollege, Herr Stahlhut, ist etwa 5 Jahre älter als ich und begrüßt mich ein wenig herablassend. In meinem gefärbten Gefangenen-Anzug mache ich ja auch keinen tollen Eindruck. Die Arbeitsgebiete werden aufgeteilt. Herr Stahlhut führt das umfangreiche Kundenkontokorrent einschließlich Mahnwesen.

Ich bin für die Lieferantenkonten zuständig und den damit verbundenen Zahlungsverkehr. Alle Konten werden von Hand im Durchschreibeverfahren geführt. Deshalb wird mit Glasfedern geschrieben, da normale Schreibfedern zum Durchschreiben nicht geeignet sind. Täglich werden die Journale addiert und abgestimmt. Alles Kopfarbeit ohne Rechenmaschine!! Neben den Lieferantenkonten führe ich auch die Sachkonten - Kasse, Bank, Einrichtung, Fahrzeuge usw..

Für die Lieferantenrechnungen habe ich eine Mappe mit zahlreichen Fächern. Darin sortiere ich die unbezahlten Rechnungen je nach Fälligkeit. Jeder Arbeitstag beginnt mit dem Abfragen der Bankkonten. Wie hoch ist das Guthaben? Wie viel Schecks sind noch nicht eingelöst? Danach weiß ich, wie viel Guthaben noch verfügbar ist. Nun beginnt die „Verlosung". Welche Rechnung wurde schon zum 2. Mal angemahnt? Welche muss am dringendsten bezahlt werden? Das Geld ist zumeist sehr knapp. Am Monatsende will die Kassiererin einen größeren Barbetrag für die Gehälter haben. Sie übergibt mir rechtzeitig einen Zettel mit ihren Wünschen, damit ich weiß, wie viel Geldscheine sie zu 50, 20 und 10 Mark braucht und welche Münzen. Nach telefonischer Vorbestellung hole ich das Geld von der Bank (meistens fährt mich der Cheffahrer mit dem Mercedes!!). Die Kassiererin zählt dann die Scheine und Münzen in die Gehaltstüten. Bleibt am Ende nichts übrig, dann stimmt das Eintüten. Ist Geld übrig oder fehlt etwas, dann muss die ganze Prozedur des Eintütens wiederholt werden.

Bei der Firma Auto-Dank handelt es sich um eine Großhandlung mit Kfz.-Teilen. Da zurzeit fast nur ältere Fahrzeuge unterwegs sind, ist der Bedarf an Ersatzteilen recht groß, auch für amerikanische und englische Lkw, welche die Truppen hier stehen ließen, da diese so sehr beschädigt waren, dass der Rücktransport nicht lohnte. Die Fahrzeuge wurden von der Landesregierung beschlagnahmt und können nun von deutschen Firmen gekauft werden. Nun zahlt es sich aus, dass Herr Danker mehrere

Jahre in USA in der Kfz-Branche tätig war und allerhand
Listen, Tabellen u.ä. mitgebracht hat. Bestimmte Teile
passen zu verschiedenen Kfz–Typen. Der Preis ist
unterschiedlich. Wird das Teil für ein hochwertiges
Fahrzeug benötigt, so ist es teurer, als wenn es in einen
einfacheren Typ eingebaut wird. Das soll heute noch
genau so sein!

In der Firma habe ich mich inzwischen ganz gut eingelebt und komme mit den Kollegen und der Kassiererin
(meiner Vorgesetzten) ganz gut aus. Eines Tages
bekomme ich von ihr eine Broschüre in die Hand
gedrückt: „Kontrollratsgesetz Nr. 15". Am oberen Rand
haben alle Kollegen, welche mit der Buchhaltung zu tun
haben, durch ein Handzeichen vermerkt, dass sie
Kenntnis genommen haben. Beim Gesetz Nr. 15 handelte
es sich um das nach dem Krieg neu formulierte Umsatz-
steuerrecht. Ich nehme es mit nach Haus und lese
zunächst aus Langeweile.

Radio haben wir noch nicht wieder. Zum dritten Mal
habe ich mit dem Lesen angefangen. Langsam begreife ich
die Zusammenhänge und stelle fest, bei uns in der Firma
stimmt etwas nicht hinsichtlich der Umsatzsteuer. Unsere
Kassiererin stellt monatlich die Zahlen aus der Buchführung zusammen. Dann kommt unser Steuerberater und
macht daraus die USt-Erklärung. Heute wage ich es. Ich
wende mich an Herrn Böcker. Der Bankdirektor a.D. hat
keine Ahnung von der Materie und sagt mir, ich soll
zunächst einmal schweigen. Er will mit dem Chef
sprechen.

Drei Tage sind vergangen. Nun kommt ein Anruf und
ich muss zum Chef. Staunende Kollegen und ich habe
Herzklopfen. Im Chefzimmer ist noch ein weiterer Herr.
Ich werde Herrn Dr. Terstegen vorgestellt und soll ihm
meine Ansichten mitteilen. Er hört mir ruhig zu und
schlägt vor, dass ich vom vergangenen Monat die
Umsatzsteuer neu berechnen soll. Er geht mit mir in die
Buchhaltung und teilt seine Entscheidung der Kassiererin
mit. Die bekommt einen roten Kopf und ich auch. Mein
Kollege betrachtet mich recht misstrauisch. Nur Herr
Böcker nickt mir zu und meint: "Nun man ran, junger
Freund".

In unserem kleinen Buchhaltungszimmer herrscht nun
„dicke Luft". Irgendwie ist die Stimmung versaut. Ein

persönliches Wort wird kaum noch gesprochen. Ich sehe zu, dass ich meine laufenden Arbeiten fertig bekomme und fange an, in den Konten zu blättern, Zahlen zu notieren und anders zusammenzustellen. Die Kollegen machen um 5 Uhr Feierabend und bei mir wird es fast zwei Stunden später. Vielleicht wäre es doch besser gewesen, die Klappe zu halten. Das habe ich nun davon. Zusätzliche Arbeit und misstrauische Kollegen. Nütz nichts, da muss ich nun durch.

Inzwischen habe ich erfahren, dass Dr. Terstegen ein hoher Finanzbeamter gewesen ist, Leiter eines Finanzamtes. Das konnte er nur werden, wenn er auch PG (Parteigenosse) war. Jetzt wartet er auf seine Entnazifizierung und ist freier Mitarbeiter unserer Firma. Ich lege ihm meine Berechnung vor und erläutere meine Ansicht. Er nickt nur mit dem Kopf und schickt mich weg. Mit Herzklopfen mache ich mich wieder an meine gewohnte Arbeit.

Etwas erhöhtes Herzklopfen habe ich eigentlich jeden Morgen, seit ich in der Firma bin. Das kommt so. Um in die Buchhaltung zu kommen, muss man zuvor durch das Schreibmaschinenzimmer gehen. Dort sitzen drei Damen und tippen fleißig Geschäftspost aller Art. Gleich am ersten Tag habe ich mich in eine etwas verliebt, in ihre Augen, diesen Blick, den ich (fast) jeden Morgen erhalte. Sie ist ganz in schwarz gekleidet und ich erfahre, dass ihr Mann im Krieg als vermisst gemeldet worden ist und sie keinerlei weitere Nachricht hat. Nun stellt es sich heraus, dass sie in der Südstadt, ganz in der Nähe der Patjestraße bei ihren Eltern wohnt. Da wir beide den gleichen Arbeitsbeginn haben, lässt es sich (gottseidank) nicht vermeiden, dass wir beide uns regelmäßig an der Straßenbahnhaltestelle morgens treffen und auch ins Gespräch kommen. Nach einigen Wochen habe ich das Gefühl, dass sie nicht mehr so distanziert ist und mache mir Hoffnungen.

Hoffnungen mache ich mir auch, als ich zum Chef gerufen werde. Dort ist auch Dr. Terstegen anwesend, welcher dem Chef knapp mitteilt, dass meine Berechnungen richtig sind und alle vorherigen Meldungen, welche dem Finanzamt zugeschickt worden sind, eigentlich berichtigt werden müssen. Chef und Dr. Terstegen besprechen die Sache. Im Augenblick ist der Unterschied nicht so groß, aber mit zunehmendem Umsatz schon. Der Chef entscheidet und sagt: „Herr Kamp, berechnen sie nebenbei in den nächsten Wochen die Umsatz-Steuer des vergangenen Jahres neu und für Januar usw. informieren sie Frl. Toelk." Mit einem freundlichen Kopfnicken werde ich verabschiedet. Ich freue mich, aber auch nicht so richtig, wenn ich an Frl. Toelk denke. So behutsam wie möglich spreche ich mit ihr und schlage vor, noch zwei weitere Erlöskonten einzurichten, damit die Erfassung leichter wird. Letzteres bespreche ich auch mit meinem Kollegen und Herrn Böcker. Alle sind einverstanden und in den nächsten Tagen normalisiert sich die Stimmung.

In den nächsten Tagen bin ich nun neben meiner gewohnten Arbeit damit beschäftigt, die Umsatzsteuer neu zu berechnen. Da kommt keine Langeweile auf. Wenn es nur ein wenig mehr zu essen gäbe. Meine Eltern haben keinen Garten und können daher kein Gemüse und Obst ernten. Verwandte wohnen in Schüttorf und Nordhorn und haben selber nicht allzu viel. Lediglich eine unverheiratete Schwester meines Vaters hat mal ein paar Brotmarken geschickt.

Unser Chef versucht zusätzliche Lebensmittel zu beschaffen, Ersatzteile gegen Bohnen und Kartoffeln. Daraus wird für mehrere Tage eine Suppe angeboten. Schade, dass die Bohnen kleine Würmer haben. Die schwimmen nun oben auf der Suppe. Diese einzige „Fleischeinlage" wird vorsichtig oben abgefischt und der Teller leer gemacht. Die Tage und Wochen vergehen, ohne dass sich etwas Besonderes ereignet. Von Dr. Terstegen höre ich nur, dass die berichtigte Jahreserklärung beim Finanzamt eingereicht worden ist.

Die große Politik interessiert wenig. Der Tauschhandel blüht. Wohl dem, der etwas zu tauschen hat. Ess-Service, Teppiche, Schmuck, - alles Mögliche und Unmögliche wird den Bauern angeboten, um ein paar Eier oder ein Stück Speck zu bekommen. Zigaretten und Tabak sind auch beliebte Tauschartikel. Transportzüge mit Kohlen werden gestürmt, sobald der Zug irgendwo einmal halten muss. Der Erzbischof von Köln, Josef Frings, rechtfertigt die Diebstähle zur Erhaltung von Leben und Gesundheit. Meine Eltern haben nichts zum Tauschen. Mein Vater arbeitet nach wie vor als Dreher bei der Continental. Als Arbeiter bekommt er eine Zusatzkarte für Lebensmittel:

1000 g Brot, 100 g Fett, 100g Fleisch und 2000g Kartoffeln zusätzlich pro Monat.

14.März 1947. Ich werde 24 Jahre alt, fast ein Tag wie jeder andere. Kollegen gratulieren. Mutter hat sich mächtig angestrengt und aus Maismehl einen kleinen Kuchen gebacken. Wir sitzen in unserem Zimmer zusammen und reden über vergangene Zeiten und was die Zukunft wohl so bringt.

Bei dieser Gelegenheit erfahre ich, dass meine Eltern während des Krieges, noch bevor sie ausgebombt worden sind, einen Koffer für mich gepackt haben, mit einem Anzug, Mantel, Wäsche, Schuhe usw.. Diesen Koffer haben sie damals Rosemarie mit gegeben. Meine Mutter hat inzwischen geschrieben und auch Antwort erhalten. Der Koffer befindet sich bei Rosemarie in Plauen.

Vater sagt mir, dass er Urlaub genommen hat und nächste Woche versuchen will, den Koffer zu holen. Das ist eine schwierige, genau genommen sogar sehr bedrohliche Reise. Deutschland ist in vier Besatzungszonen aufgeteilt. Ein Bewohner der englischen Zone darf nur mit einer besonderen Genehmigung in eine andere Zone fahren. Während die drei Westmächte die Regelung großzügig handhaben, ist eine Erlaubnis für die russische Zone kaum zu erhalten. Und wenn ja, wird sie von den russischen Behörden nicht anerkannt. Vater macht sich auf den Weg nach Plauen im Vogtland, Russische Zone.

Mutter und ich haben Angst. Er wird jetzt am 28. März 1947 64 Jahre alt. Inzwischen ist eine Woche vergangen. Von Tag zu Tag machen wir uns mehr Vorwürfe. Ist es zu verantworten, Vater in so große Gefahr zu bringen wegen eines Anzuges, Mantel und etwas Wäsche? Inzwischen ist es April geworden und die Angst um Vater wird immer größer. Dass ich in englischer Uniform zur Arbeit gehen muss, bedrückt vermutlich meine Eltern mehr als mich.

Ich habe auch nicht das Gefühl, dass ich in der Firma oder auf der Straße deshalb belächelt werde. Alle sind froh, den Bombenkrieg einigermaßen gut überstanden zu haben und nur wenige konnten sehr viel retten. Wer noch einen guten Mantel hat, muss befürchten, dass er überfallen und ausgezogen wird. Von meinen Eltern höre ich, dass kurz nach der Besetzung von Hannover im April 1945 ausdrücklich zwei Tage zur Plünderung freigegeben worden sind. Diese wurden vor allem von Zwangsarbeitern und KZ-Häftlingen ausgenutzt, kaum von Soldaten.

Endlich, nach fast zwei Wochen ist Vater wieder zu Hause. Das Datum weiß ich nicht mehr, aber ich kann mich genau noch an die Situation erinnern.

Ich komme am späten Nachmittag von der Arbeit. Als ich die Tür zu unserem Zimmer aufmache, sehe ich Vater auf einem Stuhl sitzen. Die Hosenbeine hochgekrempelt und die Füße in einer Schale mit kaltem Wasser. Füße und Unterschenkel waren ganz dick angeschwollen. Mutter hatte Mühe gehabt, ihm die Schuhe auszuziehen. Weinend nehme ich ihn in den Arm. Wir sind glücklich wieder beisammen zu sein. Im ersten Augenblick ist der mitgebrachte Koffer nicht so wichtig. Die Freude darüber kommt erst nach und nach. Vor allem über zwei Paar Schuhe und den Anzug. Endlich werde ich Zivilist. Ein wenig steigt auch das Selbstbewusstsein.

Das ist auch nötig, denn mein Kollege versucht sich als Buchhaltungschef zu fühlen. Es ist zwar einige Jahre älter, länger in der Firma als ich und für Personalangelegenheiten zuständig, bucht also die Gehaltsabrechnungen, aber in meiner Arbeit, dem Führen der Lieferantenkonten und Geldverkehr lasse ich mich nicht bevormunden. Auch fühle ich mich ziemlich sicher. Vom Chef wurde ich gelobt für meine Umsatzsteuer-Berechnung und neue Buchungsform. Er teilte mir mit, dass meine Probezeit von 3 Monaten beendet sei und mein Gehalt erhöht wird. (Von 215,00 auf 265,00 RM).

Erste Betriebsprüfung

Die Berichtigung der vorhergehenden Umsatzsteuererklärungen hat allerdings auch eine unangenehme Auswirkung. Das Finanzamt meldet sich und schickt zwei Prüfer. Sonderprüfung mit Schwerpunkt Umsatzsteuer. Das ist meinem Chef natürlich nicht angenehm. Weniger wegen der Umsatzsteuer, es ist ein anderes Geschäft, welches nicht so ganz nach den strengen Vorschriften abgewickelt worden ist. Und das kam so.

Auf einem ehemaligen Flugplatz in der Nähe von Rotenburg haben englische, vor allem aber auch amerikanische Truppen Fahrzeuge, in erster Linie Lkw, gesammelt, deren Rücktransport sich nicht lohnt. Verwaltung und Verkauf wurde einer Behörde des Landes Niedersachsen übertragen. Mein Chef hat davon erfahren und bietet an, dieses zu übernehmen. Die Behörde ist froh, dieses Objekt los zu werden, denn sie hat kein Personal für diese Aufgabe. Eines Tages fährt der Chef zusammen mit Dr. Terstegen (z.Zt. noch beurlaubter Ober-Regierungsrat der Oberfinanzdirektion) und Herrn Böcker (ehemaliger Direktor der „Bank der Deutschen Arbeit") und den zuständigen Beamten der Landesbehörde nach Rotenburg. Am nächsten Tag erzählt er im kleinen Kreis, dass dort noch einige englische Soldaten als Bewacher sind. Zusammen mit zwei Offizieren ist er im Jeep kreuz und quer über den Flugplatz gefahren. Nach einigem hin und her hat er den gesamten Fuhrpark für rd. 400.000 Reichsmark gekauft. Etwa eine Woche später bekomme ich die Rechnung, ausgestellt von der Landesregierung, mit einem Anhang. Aus diesem ist ersichtlich, dass xxx beschädigte und nicht einsatzfähige Lkw, Jeeps und andere Kleinfahrzeuge gekauft worden sind. Auflage: wenn Fahrzeuge wieder einsatzbereit repariert werden, dürfen diese nur gegen Bezugsschein der Behörde verkauft werden.

Sofort werden noch ein paar Leute eingestellt, die in Rotenburg und Umgebung wohnen. Diese beginnen mit dem Ausschlachten der Fahrzeuge. Batterien sind das wertvollste (Blei). Noch verwendungsfähige Ersatzteile werden sortiert und katalogisiert. Reifen, soweit äußerlich noch gut erhalten, werden nach Hannover transportiert. Auf dem Nachbargrundstück in Wülfel wird ein großer Lagerraum gemietet.

Ich muss zum Chef kommen. „Sie haben doch auf der Conti gelernt!", höre ich. „Dann wissen Sie ja auch, worauf es bei Reifen ankommt hinsichtlich der Gebrauchsfähigkeit". Mir werden noch zwei Arbeiter zugeteilt und ich muss nun die Reifen begutachten und die gebrauchsfähigen Reifen nach Größen sortieren und in Listen erfassen. Am nächsten Tag habe ich meine engl. Uniform wieder angezogen und mich an die ungewohnte Arbeit gemacht.

Bis mittags begutachte ich nun Reifen. Die Arbeiter sortieren, stapeln und schreiben Listen. Am Nachmittag bin ich wieder Buchhalter. Auch die Listen aus Rotenburg bekomme ich mit der Weisung, alles sorgfältig und separat aufzubewahren. Als nun die Prüfer vom Finanzamt kommen, lege ich die ganzen Unterlagen vorsichtshalber in meinen Spind. Es bleibt somit bei der ursprünglichen Bewertung der Aktion Rotenburg: "Alles Schrott!". Tatsächlich war das eine Goldgrube. Es herrschte ein großer Mangel an Ersatzteilen. Auch für gebrauchte Teile wird ein sehr guter Preis erzielt. Häufig sind sie Tauschobjekte. Auch die Reifen werden nur zum Teil gegen Bezugsschein verkauft. Blei und andere Rohstoffe machen es später möglich, im Harz eine Fabrik für Autobatterien einzurichten.

Die Prüfung durch das Finanzamt ist nach einer Woche beendet. Es dauert noch ein paar Wochen, bis der Prüfungsbericht kommt. Ich bin schon ein wenig nervös. Endlich ist der Bericht da und ich muss zum Chef kommen. Ergebnis: Meine Umsatzsteuer-Berechnung wird voll anerkannt und ansonsten werden nur ein paar Belanglosigkeiten beanstandet. Am wichtigsten war die Bewertung der Bestände aus Rotenburg. Genaue Unterlagen waren nicht vorhanden. (Lagen bei mir im Spind.)

Ich wohne noch immer zusammen mit meinen Eltern in einem Zimmer. Nachts schlafe ich auf einen Strohsack. Tagsüber wird dieser unters Bett geschoben, damit wir etwas mehr Platz haben. Abwechslung gibt es wenig und wenig gibt es auch zu Essen. Am meisten freue ich mich auf die morgendliche Fahrt mit der Straßenbahn ins Büro. Mit der netten Kollegin komme ich so langsam schon besser ins Gespräch. Für heute Abend verabreden wir einen Kinobesuch. Beim Heimweg durch die Straßen mit den vielen Trümmergrundstücken kommen wir uns schon mal ein wenig näher.

Zu Hause angekommen, hat Mutter eine gute Nachricht. Eine Schwester meines Vaters hat uns Brotmarken geschickt. Ein paar Tage später kommt Vater mit einer guten Nachricht nach Haus. Er arbeitet ja auf der Continental und hat vom Werk einen Bezugschein für eine Garnitur Fahrradreifen bekommen. Er nimmt sich ein paar Tage Urlaub und fährt mit der Bahn nach Schüttorf, seiner Heimatstadt. Er besucht Verwandte (zwei Gummibälle von der „Exelsior" hat er auch noch dabei). Nach ein paar Tagen ist er mit einem Rucksack voller Speck,

Räucherwurst und Schinken sowie noch einigen Brot- und Fettmarken wieder daheim.

Mutter weint vor Glück und auch ich kann es kaum fassen. Für ein paar Tage essen wir uns richtig satt, aber dann teilt Mutter ein. So schnell gibt es das nicht wieder.

Das Jahr 1947 vergeht im mittlerweile gewohnten Trott. Morgens mit der Straßenbahn zusammen mit meiner Kollegin Ingeborg zur Arbeit nach Wülfel. Ich buche Lieferantenrechnungen, bezahle die fälligen Rechnungen mit Schecks, einen größeren Posten auch schon mal mit einem 3-Monatswechsel unter Abzug von Skonto. (Wenn Skonto höher als Wechselspesen). Mein Kollege bucht die Rechnungen an Kunden und hat dafür zu sorgen, dass die Kunden pünktlich bezahlen, damit ich die Lieferantenrechnungen bezahlen kann und unser Lohnbuchhalter auch noch Geld für Löhne und Gehälter hat. Die Arbeitszeit beträgt 48 Stunden pro Woche. Arbeitszeit von 8 bis 17 Uhr (9 Std. abz. Frühstücks- und Mittagspause = 8 Std. Arbeit von Montag bis einschl. Sonnabend). Wer mit seiner Arbeit nicht fertig wird, bleibt auch schon mal eine halbe Stunde länger.

Wenn dem Chef mal wieder eine Kungelei gelungen ist, gibt es mittags in der Kantine ein etwas besseres Essen und nicht nur die berühmte „Käfersuppe". Die Tage vergehen ohne große Aufregung. Mit den Kollegen verstehe ich mich recht gut, mit einer Kollegin besonders gut. Ich bin nicht nur in ihre Augen verliebt. Wir gehen ab und zu mal zusammen ins Kino. So nach und nach wird aus der Kollegin eine Freundin, allerdings eine sehr zurückhaltende. Formell ist sie ja noch verheiratet. Ihr Mann gilt als vermisst. Ich glaube nicht, dass sie noch viel Hoffnung auf seine Rückkehr hat. Eine schwierige Situation für uns beide.

Sie ist 22 Jahre alt und ich bin im März 24 Jahre alt geworden. Es muss im Mai gewesen sein. Als ich sie mal wieder zum Spazierengehen abhole, stellt sie mich ihren Eltern vor. Ich bin richtig rot geworden und weiß nicht, was ich sagen soll. Ihr Vater sagt zu ihr: „Dass du mir aber um zehn wieder zu Hause bist!!" - So streng sind die Zeiten! Einige Wochen später hat er aber nichts mehr dagegen, dass ich Inge (und somit auch ihre Eltern) im Garten besuche. Ihr Vater ist begeisterter Kleingärtner und mit im Vorstand des Vereins. Die Sommertage vergehen und auf einem Foto lächelt sie schon mal etwas. Wir verstehen uns gut und immer ein wenig besser. Aber sie ist ja noch eine verheiratete Frau. Das macht für beide Seiten das Leben nicht leichter. Wir erfahren, dass am 30. Juli in Berlin eine zentrale Suchdienstverbindungsstelle des Deutschen Roten Kreuzes gegründet worden ist. Ihr Vater schreibt eine entsprechende Anfrage wegen seines Sohnes, welcher auch als junger Soldat gleich nach dem ersten Fronteinsatz als vermisst gemeldet wurde und Inge lässt nach ihren Mann suchen.

Private und berufliche Erfolge

In der Firma erhalte ich mal wieder einen Sonderauftrag. Dr. Terstegen hat herausgefunden, dass in der Vorkriegszeit durch ein besonderes Gesetz die Ausfuhrvergütung geregelt worden ist. Firmen, welche Waren exportieren, erhalten die im Preis enthaltene Umsatzsteuer zurück. Ausfuhrvergütung ist die amtliche Bezeichnung. Durch das Kontrollratsgesetz Nr. 15 ist zwar das bisherige USt-Gesetz aufgehoben worden, nicht aber das Gesetz zur Ausfuhrvergütung.

Die Firma Autodank hat nun ein Paket mit einem Ersatzteil in die Schweiz zu einer befreundeten Firma geschickt. Dazu mussten zahlreiche Formulare ausgefüllt werden (Exportgenehmigung der britischen Zone). Es folgten Formulare, welche die Genehmigung der amerikanischen Zone enthielten (Durchgangserlaubnis) und solche der französischen Zone. Die Prozedur hat mehrere Wochen gedauert. Mit allen Papieren ausgestattet, gehe ich nun zum Finanzamt und beantrage Ausfuhrvergütung. Ich werde von Dienststelle zu Dienststelle weitergereicht. Keiner weiß Bescheid. Während des Krieges gab es keinen Export. Die dienstmäßig älteren Beamten sind fast alle dispensiert, da Parteigenossen. Ich lande schließlich beim Stellvertreter vom Leiter des Finanzamtes. Endlich einer, der sich erinnert. Er verspricht, sich um die Angelegenheit zu kümmern und hofft, dass sich in der Registratur noch entsprechende Antragsformulare finden lassen.

Am nächsten Tag bekomme ich von Dr. Terstegen eine Kopie des alten Gesetzestextes und einen Tipp, wer in der Oberfinanzdirektion dafür zuständig ist. Ich lese den Text einige Male durch und mache mich mit den Einzelheiten vertraut. Nun mache ich mich auf den Weg zur OFD. Es ist nicht so einfach, an den evtl. zuständigen Regierungsrat zu kommen. Zunächst werde ich kopfschüttelnd von einem Beamten zum nächsten weiter gereicht.

Der Regierungsrat meint schließlich, dass es z.Zt. keine Ausfuhrvergütung gibt. Das wäre eine Erfindung der Nazis. Damit bin ich nicht einverstanden und habe Mühe, höflich zu bleiben. Der Herr meint, außerdem wäre es besser, wenn die Sachen im Lande bleiben. Hier fehlt es doch an allen Ecken und Kanten. Nun halte ich einen kleinen Vortrag über den Sinn und Nutzen von Exporten. Auch weise ich darauf hin, dass die Besatzungsmacht den Export genehmigt hat und er ja wohl nicht Genehmigungen der Besatzungsmacht ignorieren will. Außerdem zeige ich die Kopie des Gesetzes und verlange, er möge mir bitte mitteilen, wann und durch welche Anordnung der Besatzungsmacht das Gesetz aufgehoben worden ist.

Inzwischen ist eine Woche vergangen. Ich mache mich wieder auf den Weg und gehe zum Finanzamt. Unerwartet ist man dort nicht untätig gewesen. Ich werde sogar vom Leiter des Finanzamtes empfangen, welcher sich inzwischen informiert hat. Zwei weitere Beamte kommen hinzu und ich halte noch einmal einen Kurzvortrag über die Vorteile von Exportgeschäften auch für die Bevölkerung. Ein noch jüngerer Steuerinspektor wird beauftragt, sich mit der Angelegenheit zu befassen. Ich verabrede mit ihm einen nächsten Termin. Er sucht nach den Antragsformularen und ich besorge ihm den Gesetzestext. Nach etwa einer Woche bekomme ich seinen Anruf. Er hat die Formulare und den Gesetzestext.

Gemeinsam und in gutem Einvernehmen besprechen wir nun Einzelheiten und die Firma Solar Export GmbH (Tochterfirma von Fa. Autodank) ist zumindest in Niedersachsen die erste Firma, welche eine Ausfuhrvergütung erhält. Das Ganze ist natürlich zunächst nur ein Versuchsballon. Denn mein Chef hat vor, in größerem Umfang Exportgeschäfte zu tätigen. Er hat gute Beziehungen zur englischen Verwaltung, zu Oberst Gardener.

In einer kleinen Runde wird über die Ausfuhrvergütung geredet und Herr Danker erzählt von seinen Gesprächen mit Oberst Gardener. Er hat mit ihm über die Vorteile von Exportgeschäften geredet. Der deutschen Bevölkerung mangelt es an allen Dingen, vor allem auch an Lebensmitteln. Die Beschaffung und Bezahlung ist Sache der englischen Verwaltung. Wenn nun den deutschen Firmen Exporte gestattet werden, können mit dem Erlös in den englischen Kolonien Lebensmittel und andere Güter gekauft werden. Herr Danker schlägt vor, dass die Engländer ihre Transportschiffe nicht alle „einmotten", sondern ein Schiff der deutschen Export-Wirtschaft zur Verfügung stellen. Die Solar Export GmbH wird auf dem Schiff eine Musterausstellung aller lieferbaren Waren zeigen, welche im Ausland verkauft werden können und damit von Hafen zu Hafen fahren. Oberst Gardener kann aber kein Schiff zur Verfügung stellen und hält den Plan auch für allzu illusorisch.

Herr Danker macht einen neuen Vorschlag. In Laatzen sind die Engländer dabei, die Hallen der Vereinigten Aluminium-Werke nieder zu reißen. Er bittet, ein oder zwei Hallen stehen zu lassen, um dort eine Export-Ausstellung zu veranstalten. Oberst Gardener stimmt zu, obwohl er die ganze Angelegenheit nicht für erfolgreich hält.

Nun wird Herr Danker höchst aktiv. Er ist mit im Vorstand des Verbandes der Automobilindustrie und auch Vorstand im Verband der Autoersatzteil-Händler. Gute Verbindungen hat er auch zu diversen Herstellerfirmen, welche jetzt nach Ende der Kriegsproduktion neue Artikel produzieren wollen. Er macht allen Mut und schließlich gelingt es, eine Export-Messe in der Halle und auch im Freigelände in Laatzen zu organisieren.

Heute, am 18. August 1947 ist für unseren Chef ein großer Tag. Die „1. Hannover Export-Messe" wird eröffnet. 1300 Aussteller zeigen ihre Produkte. Die Masse der Besucher wird mit Lkw vom Bahnhof zum Messegelände transportiert, da die Straßenbahn noch nicht bis nach Laatzen fährt. Taxis sind noch große Mangelware und vor allem für Prominente reserviert. In Hannover spricht es sich herum, dass man auf dem Messegelände Fischbrötchen ohne Lebensmittelmarken kaufen kann. Die Eintrittskarte wird mit einem Stempel versehen, damit nicht einer zwei Brötchen bekommt. Es sollen fast 80.000 Eintrittskarten verkauft worden sein.

Der geschäftliche Erfolg der Messe ist nicht überragend. Das Angebot an exportfähigen Produkten ist noch

nicht allzu groß. Am stärksten ist die Bekleidungsindust-
rie vertreten. Große Beachtung finden die Kraftfahrzeu-
gindustrie und der Kfz.-Teile-Handel (Solar-Export).
Auch Elektrotechnik und Feinmechanik sind gut
vertreten. Deutsche Produkte sind wieder im Gespräch
und der innerdeutsche Handel profitiert auch von der
Messe. Ich erinnere mich an die Firma Mahle, welche
während des Krieges u.a. Stahlhelme herstellte. Jetzt
bietet sie aus dem gleichen Material Kochtöpfe an. Ein
Verkaufsschlager! Mein Chef kungelt und im Tauschhandel erhält er mehrere Kochtöpfe für seine Mitarbeiter.
Seine Sekretärin Frau Diekmann (meine Freundin und
spätere Frau) erhält auch zwei. Einer ist jetzt im Jahre
2009 noch bei uns im Gebrauch.

Meine Kollegin Frau Diekmann ist inzwischen meine
Freundin Inge geworden. Wir sind nun häufiger zusammen
auch bei ihren Eltern. Die Mutter meiner Freundin
spendiert mir ein Glas Marmelade. Das steht nun im Fach
meines Schreibtisches. So habe ich eine gute Ergänzung
zu meinem Brot, auf dem häufig eine Auflage fehlt. Meine
Eltern haben keinen Garten. Wir sind darauf angewiesen,
was an Lebensmittelmarken aufgerufen wird. Das ist
zumeist sehr wenig für einen Normalverbraucher.
Schwerarbeiter und Schwangere, Säuglinge, Kinder bis 6
Jahre und Jugendliche bis 18 Jahre erhalten Zusatzmar-
ken, verliebte 24-jährige leider nicht. Zu Weihnachten
gibt es für alle eine Sonderzuteilung. Kaffee und
Zigaretten.

Meinen Eltern habe ich Inge natürlich auch längst
vorgestellt. Meine Mutter schwärmt noch von meiner
ersten Jugendliebe Rosemarie. Auch ich denke noch oft an
Rosemarie, aber letztlich fühle ich mich jetzt doch mehr
zu Inge hingezogen, nicht nur, weil ich hin und wieder ein
Glas Marmelade bekomme!!

Die Tage und Wochen vergehen im tristen Alltagseiner-
lei. Es gibt aber auch kleine Fortschritte wie z.B.
Bezugscheine für Bekleidung und Schuhe. Essen ist immer
noch sehr knapp.

Das Arbeiten in der Firma verläuft auch im gewohnten
Einerlei. Abwechslung bringen die Spaziergänge und
gelegentlichen Kinobesuche mit meiner Freundin
Ingeborg. Um einen Grund zu haben, abends von zu
Hause fortzugehen, haben wir einen Englisch-Kursus

belegt. Wir frischen unsere Kenntnisse auf und genießen
den gemeinsamen Heimweg. So wird Nützliches mit
Angenehmem verbunden.

Es ist Oktober 1947. Es beginnt eine Betriebsprüfung,
welche mich doch sehr belastet, da ich als Ansprechpart-
ner der Prüfer eingeteilt bin: Alte Belege suchen und
vorlegen, Buchungen erläutern und viele Fragen beantworten. Später konnte ich in meinem Zeugnis lesen: "Bei
der im Herbst 1947 stattfindenden Betriebsprüfung zeigte
Herr Kamp außerordentliches Geschick, so dass ich mich
entschloss, ihn durch Kurse usw. zu fördern. Ich konnte
dann sehr bald auf die Mitarbeit eines Steuerberaters
verzichten."

Meine Hauptarbeit besteht nach wie vor im Buchen von
Lieferanten-Rechnungen, Ausschreiben und Versenden
von Schecks oder Wechseln. Dabei muss ich immer
aufpassen, dass auch genug Guthaben vorhanden ist. Ab
und zu bekomme ich Sonderaufgaben. Es ist Anfang
November. Ich muss zum Chef kommen. Er übergibt mir
Buchführungsunterlagen und eine Betriebsabrechnung der
Firma Jungbluth & Co. Bad Lauterberg, an der er beteiligt
ist. Ich soll prüfen und berichten. Dass ist nun mal
wieder so richtig etwas für mich. Bei der Gelegenheit
erfahre ich, dass der Chef im Harz eine Fabrik zur
Herstellung von Kfz.-Batterien bauen will. In Bezug auf
das Rechnungswesen werde ich gefragt und muss
aufpassen, dass ich mir nicht zu wichtig vorkomme.

Meine Freundin Ingeborg und ich hatten etwas Ge-
meinsames entdeckt, - wir tanzen gern. Also meldeten wir
uns bei der Tanzschule Teschner an. Die Unterrichtsstunden fanden im Speisesaal des ehemaligen Generalkom-
mandos statt, welches zufällig von Bomben verschont
worden war. Wir haben viel Spaß gehabt und waren eifrige
Tänzer auch noch im folgenden Jahr. Zuletzt (1948)
haben wir auf einem Turnier in der Stadthalle in einer
Formation mitgetanzt. Der Kuppelsaal war noch beschädigt und konnte nicht genutzt werden. Die Gartensäle
waren schon wieder hergerichtet und dort fand der Ball
und das Turnier statt. Ingeborg hatte sich aus schwarz-
schillernder Futterseide ein Kleid genäht und sah ganz
toll aus.

Es ist Dezember 1947 und noch 10 Tage bis Weihnachten. Abends klopft es an unsere Zimmertür und herein

kommt Rosemarie. Sie besucht ihre Tante, welche nebenan in der Wohnung wohnt. Erschrocken springe ich auf. Auch meine Mutter steht gleich auf und nimmt sie in den Arm. Da wir nur zwei Stühle haben, schlage ich vor, dass wir uns am nächsten Abend treffen und zusammen ausgehen. Sie zögert. Meine Eltern rücken zur Seite und Rosemarie und ich können sich aussprechen.

Ich erzähle von meiner Heimkehr vor einem Jahr, von meiner jetzigen Arbeitsstätte und vom gemeinsamen Arbeitsweg mit Inge und dass ich mich in Inge verliebt habe. Wir betrachten uns schon wie verlobt. Rosemarie erzählt von ihrer Flucht vor den Russen und dass sie mit ihren Eltern in Kirchheim/Teck auch nur eine Notunterkunft bekommen hat. Es ist ein schwerer Abschied und wir haben beide Tränen in den Augen.

In den späteren Jahren denke ich hin und wieder noch mal an Rosemarie, an ihre keusche Zärtlichkeit. Als wir uns zum ersten Mal sahen, war sie 15 Jahre alt und ich war gerade 18 geworden. Es war im Sommer 1941. Wir sahen uns nur wenige Tage. Zuletzt im Dezember des gleichen Jahres, als ich den Gestellungsbefehl erhalten hatte und sie zwei Tage in Pirna besuchte. Es folgten viele Briefe. Geblieben ist nur die Erinnerung. Ich hatte inzwischen Ingeborg kennen und lieben gelernt und habe meine Entscheidung vom Dezember 1947 in den folgenden Jahren nicht bereut.

Das Jahr 1947 geht seinem Ende zu. Das Weihnachtsfest fällt sehr bescheiden aus. Auch Silvester wird nicht gefeiert. Wichtig ist, dass ich mit meinen Eltern zusammen bin und hinsichtlich der Zukunft können wir zuversichtlich sein.

Weitere berufliche Qualifikation

Das Jahr 1948 beginnt zunächst in den gewohnten Bahnen. Im Büro wird das Neue Jahr noch einmal begrüßt und dann geht es wieder an die Arbeit. Ich bin nun ein Jahr in der Firma und kann feststellen, dass die Lebenssituation wesentlich besser als vor einem Jahr ist. Ich gehe nicht mehr in Uniform zur Arbeit. Inzwischen konnte ich mir einen Anzug, Oberhemden und Wäsche kaufen. Nur für ein Bett haben wir im Zimmer keinen

Platz, aber anstelle des Strohsacks liege ich jetzt auf einer Matratze.

In der Firma verabreden sich mehrere Kolleginnen und Kollegen zu einer Maskerade in einem Lokal in Wülfel, welches vom Krieg einigermaßen verschont geblieben ist. Alle wollen getrennt und maskiert dort hingehen, um sich dann dort -hoffentlich- zu finden. Ich kann meine Freundin Ingeborg mit Hilfe ihrer Kolleginnen zum Mitmachen überreden.

Es war ein toller Abend mit Musik und Tanz und viel Spaß. Alle hatten sich bald gefunden und die Masken wurden abgenommen. Ingeborg trug ein kniefreies weißes Kleid. Am unteren Rocksaum waren große rote Herzen aufgenäht. Dazu einen Bolero und um die Hüfte eine rote Schärpe. Ich trug ein weißes Hemd mit rotem Bolero, eine lange dunkle Hose und auch eine rote Schärpe. Diese Maskerade-Veranstaltungen in den ersten Wochen des neuen Jahres waren so etwas wie Ersatz für Karneval, den es damals im evangelischen Hannover noch nicht gab.

Meine Freundin Ingeborg hat am 3. Februar Geburtstag. Zur Familienfeier bin ich mit eingeladen. So ganz fröhliche Stimmung kommt nicht auf. Es wird zwar direkt nicht darüber gesprochen, aber es wird doch an die im Krieg Vermissten gedacht. Vater Hoffmann berichtet, dass von der Vermissten-Suchstelle des Roten Kreuzes keine positive Nachricht hinsichtlich seines Sohnes und Inges Ehemann eingegangen ist.

Beruflich bin ich sehr zufrieden. Mein Gehalt wurde noch ein wenig erhöht, so dass ich nicht mehr krankenkassenpflichtig bin. Als Junggeselle zahle ich an die private DKV weniger als an die Pflichtversicherung. Im Büro läuft alles in gewohnten Bahnen.

Die ersten Exporte werden durchgeführt. Eine formularmäßig sehr aufwendige Angelegenheit. Von deutschen und englischen Behörden muss jeweils eine Ausfuhrgenehmigung eingeholt werden. Dazu sind zahlreiche Angaben über das Exportgut und dessen Herkunft zu machen. Der Empfänger muss genau bezeichnet werden. Es ist fast immer „fob-Lieferung" (free on board) vereinbart. Akkreditive werden geprüft und erst wenn die Ware an Bord ist, kann ich mit den Unterlagen zur Bank gehen. Die Forderung an den Kunden wird dann an die Bank abgetreten. Je nach Land und Kunde erhält die

Firma einen Kredit, mit dem ich dann Lieferantenrechnungen bezahlen kann. Für Gehälter und Löhne sowie sonstige Kosten muss auch noch Geld übrig bleiben. Es ist häufig nicht einfach, das alles in eine vernünftige Relation zu bringen. Ganz ohne Ärger geht es nicht immer.

Der Chef ermuntert mich zu Abendlehrgängen, deren Kosten er übernimmt. Da kann ich nicht nein sagen. Er trifft eine entsprechende Vereinbarung mit Dipl. Handelsschullehrer und Helfer in Steuersachen Oehlschläger, ein wirklich guter Lehrer, wie sich im Laufe der Zeit herausstellt. Wir verstehen uns bestens. Von März 1948 bis Oktober 1949 fahre ich mit kurzen Unterbrechungen jede Woche zweimal abends zum Unterricht. Laut Bescheinigung habe ich Unterricht über folgende Gebiete gehabt:

- Buchführung und Bilanz
- Steuerrecht und Steuertechnik
- Betriebswirtschaftslehre
- Wirtschaftsrecht

Rückblickend muss ich sagen, dass mir dieser Unterricht sehr geholfen hat, auch mit späteren beruflichen Aufgaben fertig zu werden. Ich war doch nur acht Jahre zur Volksschule gegangen, danach 2½ Jahre Lehre bei Continental und Berufsschule. Nach kurzer Berufstätigkeit (3 Monate) wurde ich im Januar 1942 zum Wehrdienst eingezogen und erst fünf Jahre später aus der Gefangenschaft entlassen. Die während der Lazarettzeit gelesenen „Lehrbriefe zur Berufsausbildung" konnten eine richtige Ausbildung nicht ersetzen. Es war also schon richtig, mich mit leichtem Druck abends zum Unterricht zu schicken.

Freizeit ist zwar knapp, aber ich bin deshalb auch nicht besonders traurig. Die Abende zu Haus in unserer 1-Zimmer-Wohnung sind nicht der Traum eines 25-Jährigen. Meine Eltern und ich versuchen, das Beste daraus zu machen. Es fehlt im Grunde an Allem, auch an Lebensmitteln, um richtig satt zu werden.

Inzwischen habe ich Freunde aus der Schulzeit wieder gefunden und meinen Freund Erich, welcher mit mir zusammen in Holland war. Gemeinsam hatten wir Diphtherie und waren gemeinsam auch anschließend im

Genesungsheim in Winterberg. Er hatte sich schon einmal
1945 und 1946 bei meinen Eltern sehen lassen und einige
Lebensmittel gebracht, als ich noch in Gefangenschaft
war. Er war Breslauer und mit seiner Frau noch rechtzeitig vor den Russen nach Westdeutschland geflohen. Hier
betätigte er sich als „Händler auf dem freien Markt", auch
Schwarzmarkt genannt. Die Tauschgeschäfte blühten, da
es für Geld nur wenig zu kaufen gab. Meine Schulfreunde
Ewald und Heinz tauchten auf und auch Kalli, meinen
Freund aus vergangenen Reitertagen traf ich.

Mit Ewald war ich dann einige Male zusammen und
lernte seine Freundin Inge kennen. Zu deren Hochzeit,
kurz vor der Währungsreform im Juni 1948, wurde ich
eingeladen. Meine Ingeborg kannten sie noch nicht näher.
Die Hochzeit fand an einem besonders heißen Tag in
einer kleinen Wohnung von Ewalds Tante statt. Es wurde
tüchtig gefeiert, gesungen und getanzt. Schnaps und Likör
stammten vom Schwarzmarkt. Nach dem Brauttanz warf
die Braut den Brautstrauß so geschickt, dass ich ihn
auffangen musste. Ewalds Frau gab sich sehr viel Mühe,
um mich mit ihrer Schwester zu verkuppeln. Die
Stimmung stieg und auch die Temperatur. Man konnte es
auch daran merken, dass die jungen Damen auf einen Teil
ihrer Unterwäsche und BH verzichteten und die Blusen
um mindestens einen Knopf zu viel geöffnet waren. Nicht
nur die Zimmertemperatur stieg.

Noch lange Zeit danach hatte ich den Eindruck, dass
Ewalds Frau mir nicht verzeihen konnte, dass ich ihre
Schwester nicht zu meiner Freundin gemacht habe.

Neues Geld - Währungsreform

Politisch war das Jahr 1948 für Deutschland und
auch für die Siegermächte sehr bedeutsam. Die
Kooperation bricht auseinander. Am 20. März tagen die
vier Militärgouverneure zum letzten Mal zusammen. Der
sowjetische General Sokolowski verlässt unter Protest die
Sitzung und danach sind nur die drei Westmächte mehr
oder weniger gemeinsam bemüht, eine staatliche Ordnung
einzurichten. Russland beginnt, die Zonengrenze dicht zu
machen. West-Berlin wird ab 24. Juni durch „Rosinen-
bomber" mit Lebensmitteln, Kohlen usw. versorgt.

Für die drei Westzonen ist der 20. Juni 1948 besonders bedeutsam: Die Währungsreform.

Vor den Ausgabestellen von Lebensmittelmarken bilden sich lange Schlangen. Gegen Vorlage des Ausweises werden 40 Reichsmark gegen 40 Deutsche Mark (DM) eingetauscht. Das übrige Bargeld im Verhältnis von nur 100:5, Bank- und Sparguthaben sowie Verbindlichkeiten werden 10:1 abgewertet. Die Folgen sind für den Normalverbraucher überwältigend. Staunende Menschen drängen sich vor den Schaufenstern, welche voll mit Lebensmitteln, Kleidung und Waren aller Art sind. Die Geschäftsleute hatten in Erwartung der Währungsreform Ware zurück gehalten und waren nun die großen Gewinner der Währungsreform. Ein paar Tage später wird dann eine Währungsreform in ähnlicher Form in der Ostzone durchgeführt und die Ostmark wird dort Zahlungsmittel.

Nach 12-jähriger Unterbrechung finden wieder Olympische Spiele statt, in London. Deutsche und Japaner dürfen nicht daran teilnehmen. Die haben vermutlich auch andere Sorgen. Mit Einführung der DM fiel die Preisbindung weg, was viele Geschäftsleute ausnutzten und die Preise sehr stark erhöhten, da die Nachfrage groß war. Es kam zu Unruhen und Arbeitsniederlegungen. Auf dem Münchener Viktualienmarkt wurden Verkaufsstände gestürmt und umgeworfen. In Hannover ging es vergleichsweise recht friedlich zu. Arbeit gab es in Hülle und Fülle und für den erhaltenen Lohn konnte man alles kaufen. Der Bedarf war groß und damit der Geldumlauf schnell. Davon profitierten alle. Sogar Kohlen und Briketts gab es zu kaufen. Nach vielen Jahren war es für sehr viele Menschen der erste Winter mit einer richtig warmen Stube.

Als ein nach langer Zeit „richtiges" Weihnachtsfest habe auch ich diese Weihnachtstage empfunden. Mutter hatte mit ein paar Kerzen und etwas Tannengrün unser Zimmer geschmückt. Ein paar praktische Geschenke (etwas zum Anziehen) gab es für jeden und auch Schokolade. Inges Mutter hatte uns Keks spendiert. An den Weihnachtstagen war ich bei den Eltern von Ingeborg eingeladen und an einem Tag war Ingeborg auch in unserer 1-Zimmer-Wohnung, eng aber gemütlich.

Verlobung und Hochzeit

Nach den vielen entbehrungsreichen Jahren wurde der Jahreswechsel 1948/49 überall tüchtig gefeiert.

Mein Freund Ewald mit seiner jungen Frau Inge und ich mit meiner Freundin Ingeborg feierten im Gartensaal der Stadthalle. Ingeborg spendierte eine Flasche echten Champagner, den sie seit mehreren Jahren für eine besondere Gelegenheit aufbewahrt hatte. Der Kellner bekam ein entsprechendes Korkengeld. In dieser Zeit, als es noch nichts zu kaufen gab, war es durchaus möglich, Flaschen mit zu bringen und vom Kellner gegen ein sogenanntes Korkengeld öffnen zu lassen. Das änderte sich im Laufe des Jahres, und immer häufiger sah man ein Schild: „Getränke mitbringen untersagt".

In der Firma lief alles seinen gewohnten Gang. Neben der Solar GmbH wurde noch die Atlantis Export-Import GmbH gegründet. Zunehmend hatte ich nun auch mit der Abwicklung der Exportgeschäfte zu tun. Größtenteils handelte es sich um Sendungen auf dem Wasserwege. Das war recht abwechslungsreich: Kontakt halten mit den Seespediteuren, häufig mit Hilfe des Fernschreibers und auch mal Sonntags, denn in den Häfen wurde an allen Tagen gearbeitet. Hatte ich die Konnossemente erhalten, war mein nächster Weg zur Bank. Wie hoch wird die Sendung beliehen? Möglichst hoch, denn ich brauchte die Gutschrift, um Rechnungen und Löhne bezahlen zu können.

Zusammen mit Kollegen und Kolleginnen feierten wir noch mal „Maskerade" bei bester Stimmung. Alle hatten das Bedürfnis, die vergangenen schlechten Jahre zu vergessen. Ebenfalls mit Kollegen und Kolleginnen machten wir einen Himmelfahrts-Ausflug zur Marienburg in Nordstemmen. Es war herrlich schönes Wetter. Ingeborg und ich hatten sich ein wenig abgesondert und wir sonnten uns im Gras. Da fasste ich Mut und machte ihr einen Heiratsantrag. Sie sagte ja und wir beschlossen, uns zunächst zu verloben.

In Hannover angekommen, suchten meine Eltern und ich Reste von altem Schmuck und sonstiges Gold zusammen. Echten Schmuck konnte man auch 1949 noch nur gegen Abgabe von Gold oder Silber kaufen. Der Juwelier und Goldschmied bot an, aus den Einzelteilen einen Ring anzufertigen und so kann Ingeborg nun ein Unikat tragen. Zur Verlobungsfeier kamen neben meinen Eltern noch Inges Freundin Elly Fricke, Kalli und Gretel, Margrit und Willi sowie meine Cousine Christine aus Schüttorf, welche bei meiner Mutter zu Besuch war.

Dem Wonnemonat Mai folgte ein schöner Sommer und am 27. August 1949 heiratete laut Heiratsurkunde der kaufmännische Angestellte Heinz Fritz Gustav Kamp die Stenotypistin Ingeborg Elli Grete Lina Diekmann, geborene Hoffmann.

Ingeborg hatte ein wunderschönes weißes Brautkleid an und ich hatte mir sogar einen Smoking zugelegt und einen Zylinder ausgeliehen. Anstelle einer Hochzeitskutsche fuhren wir in einem offenen DKW zur Bugenhagenkirche. Gefeiert wurde in der Wohnung meiner Schwiegereltern. Schon am Abend zuvor, am Polterabend, war allerhand los. Mehrere Kollegen und Kolleginnen waren gekommen, um altes Porzellan und Flaschen zu zertrümmern. Meinem Kollegen Heinrich wurde bei der Gelegenheit aus Versehen ein Teller an den Kopf geworfen. Er blutete zunächst recht stark, aber er hielt tapfer durch.

Ein Cousin von Inge kam mit seinem Lieferwagen und brachte reichlich Scherben mit. Auch aus der Nachbarschaft kamen viele Gratulanten. Es hatte sich herum gesprochen: "Bei Hoffmann gibt's Zuckerkuchen!" Ingeborgs Eltern hatten die Verwandtschaft in Wettmar besucht und tüchtig Lebensmittel zum Kuchenbacken mitgebracht. Noch gab es Lebensmittel nur auf Bezugschein und ein Stück Zuckerkuchen war noch etwas Besonderes.

Ingeborgs Eltern hatten das große Wohnzimmer umgeräumt und uns als Wohn-und Schlafzimmer zur Verfügung gestellt. Außer ein paar persönlichen Sachen und zwei Sesseln hatten wir nichts. Das und unsere junge Liebe haben wir zusammen getan und versucht, etwas daraus zu machen. Was wir uns gleich geleistet haben, war eine Hochzeitsreise nach Witzenhausen an der Werra.

Unterkunft hatten wir im Cafe Schützenhof gebucht. Die Hälfte des Hauses war von der amerikanischen Armee beschlagnahmt, welche dort eine Dienststelle eingerichtet hatte. Das war kein Nachteil, denn die Küche profitierte etwas davon. Mit uns wohnten noch ein anderes junges Paar im Haus und die Eigentümer. Die Verpflegung war für damalige Verhältnisse ganz gut. Die Eltern mussten uns nur noch die Lebensmittelkarten für Monat September nachschicken. Wir waren glücklich und frohgestimmt machten wir mit Linienbussen Ausflüge nach Bad Sooden, zur Edertalsperre und Bad Wildungen. Hier entdeckten wir im Schaufenster ein kleines Schild: "Zum Kuchen Sahne ohne Bezugsschein". Das war natürlich etwas Besonderes für uns. Schlagsahne hatte ich wohl vor 10 Jahren zum letzten Mal gegessen. Schloss Waldeck wurde noch besucht und die gute Aussicht genossen. Aus heutiger Sicht war das damals nahezu armselig, aber diese Hochzeitsreise war das Schönste, was wir bisher erlebt hatten.

Weniger schön ging es im Ruhrgebiet zu. Die englische Besatzungsmacht demontierte in den Fabriken die Maschinen und brachte diese nach England. Die Kohlenzüge fuhren nach Frankreich als Reparationsleistungen. Es kam zu schweren Unruhen. Mit der neugegründeten DDR wurde ein Interzonenabkommen abgeschlossen und die Blockade Berlins beendet. In den 13 Monaten der Blockade haben die USA im Rahmen der sog. Luftbrücke rd. 2 Mill. t Versorgungsgüter durch etwa 275 000 Flüge nach Berlin gebracht und dadurch verhindert, dass Berlin zur DDR kam. Berlin wurde in vier Besatzungszonen (USA, Großbritannien, Frankreich und UdSSR) aufgeteilt und verwaltet.

Westdeutschland behält noch die Aufteilung in drei Zonen. Im August finden dann die Wahlen in allen Zonen statt und Westdeutschland erhält eine Regierung (allerdings noch mit stark eingeschränkten Rechten). Am 7. September 1949 wird als erster Bundeskanzler Konrad Adenauer gewählt. Er erhält mit 202 von 402 Stimmen die notwendige Mehrheit.

Das Jahr 1950 brachte beruflich keine Veränderungen. Das Exportgeschäft nahm einen immer größer werdenden Umfang an. Schwerpunkt war Südamerika, einschließlich Cuba. Auch die Lieferungen in die Türkei nahmen zu. Autoersatzteile wurden überall gebraucht, da die Produktion von neuen Pkw und Lkw nur langsam in Gang kam. Die vorhandenen Fahrzeuge mussten instandgehalten werden.

Wir wohnten sehr preiswert (nämlich umsonst) in der Wohnung von Ingeborgs Eltern. Jeden Morgen konnten wir zusammen zu unserer Arbeitsstelle in Wülfel mit dem Fahrrad fahren. Häufig waren wir auch bei meinen Schwiegereltern im Garten.

Da war das Geld für einen Urlaub schnell beisammen. Mit einem „Ferienexpress" der Bundesbahn fuhren wir für 2 Wochen nach Baiersbronn im Schwarzwald. Bei herrlichem Sommerwetter waren wir in der Badeanstalt. Ausflüge machten wir ins Sankenbachtal und zum Hirschkopf. Die Freude war aber nur kurz. Nach wenigen Tagen bekam Inge starke Leibschmerzen und musste ins Krankenhaus in Freudenstadt. Ich besuchte sie fast jeden Tag. Später erfuhr ich, dass ich in einigen Monaten beinahe Vater geworden wäre. Als die zwei Wochen vorbei waren, konnten wir gemeinsam wieder nach Hause fahren. Beide fuhren wir wieder wie gewohnt morgens zur Firma, und ich ging bis Oktober noch (wie gewohnt) zum Abendunterricht. Falls es in der Firma einmal später wurde, fuhr ich vorher nicht nach Hause, sondern aß in der Stadt ein Würstchen.

Es gab aber noch etwas ganz Besonderes. Eine Wohnung für uns! Am 27.06.1950 erhielten wir eine Wohnungszuweisung vom Wohnungsamt. Und das kam so:

Meine Eltern wohnten bis zur Ausbombung im Haus Warstr. 21. Mein Vater hatte dort auch die Funktion eines Vizewirtes gehabt. Der Eigentümer des Hauses, Herr Diesing, hatte das Haus wieder aufbauen lassen und eine Wohnung meinen Eltern angeboten. Es musste allerdings ein Baukostenzuschuss von 2ooo,- Mark (etwa Inges Jahresgehalt) geleistet werden, welcher in kleinen Raten abwohnbar war. Das war zu der Zeit üblich. Da ich für damalige Verhältnisse ein recht gutes Gehalt bekam, wir an meine Schwiegereltern keine Miete zahlen mussten und Inge mit wenig Haushaltsgeld auskam, hatten wir soviel gespart und konnten die Zahlung leisten.

Vom Wohnungsamt erhielten meine Eltern und wir eine Zuweisung zu der 3-Zimmer-Wohnung im Hause Warstr. 21, III.Etage rechts. In der Zuweisung ist die Größe der Wohnung genau vermerkt: 3 Wohnräume mit 21qm, 19qm und 20qm, Küche 10qm zuzüglich Flur, Bad, Keller. Meine Eltern bekamen ein großes Wohnzimmer und wir die beiden anderen Zimmer. Küche und Bad nutzten wir gemeinsam, was besonders hinsichtlich der Küche nicht immer ganz einfach war.

Im August konnten wir die Wohnung beziehen. Der Umzug war recht einfach, da wir kaum eigene Möbel hatten. Schwiegereltern hatten einen Tisch und zwei Stühle übrig und spendeten einen Küchenschrank. Wir konnten uns ein Schlafzimmer kaufen und einen gebrauchten Schreibtisch. Neu war auch der Wohnzimmerschrank. Da wir in bar bezahlen konnten, erhielten wir nach zähen Verhandlungen als Rabatt einen kleinen runden Tisch für die beiden Sessel, welche wir ja schon hatten. Auch meine Eltern konnten sich nun endlich wieder wohnlich einrichten. Alle waren glücklich und zufrieden! Die Wohnung hatte noch keine Zentralheizung, über eine Gas-Therme aber Warmwasser in Bad und Küche.

Nun fuhren wir beide mit dem Fahrrad von der Nordstadt nach Wülfel zur Arbeit. Abends hatte Inge dann noch ihre Hausarbeit: Kochen, Waschen, Putzen usw.. Kühlschrank und Waschmaschine waren noch Luxus. Weihnachten 1950 zum ersten Mal in der eigenen Wohnung! Das war schon Luxus, denn viele Familien waren noch in Notunterkünfte oder in fremde Wohnungen zwangseingewiesen.

Das Haus Warstr. 21 ist ein Eckhaus zum Engelbosteler Damm. Gegenüber am Engelbosteler Damm stand noch kein Haus, nur Trümmer (erst zum Teil aufgeräumt) und Fassaden von ausgebrannten Häusern. Dahinter die Scheffelstraße, Marschner- und Paulstraße, fast nur Trümmer. Einsam ragte der Turm der St.-Marien-Kirche hervor. Dahinter war noch das Verwaltungsgebäude der Continental zu sehen. Zwar ein weiter, aber nicht sehr schöner Ausblick.

Das Leben im Jahre 1951, in der Wohnung gemeinsam mit meinen Eltern, normalisierte sich langsam. Die beiden Frauen mussten sich erst aneinander gewöhnen. Hin und wieder waren entweder Vater oder ich „Leidtragende", welche als Schlichter tätig wurden. In der Firma konnte ich selten pünktlich Feierabend machen. So kam es, dass Inge schon fleißig bei der Hausarbeit war, wenn ich heimkam. Der Kachelofen im Wohnzimmer war angeheizt und das Essen fertig.

Wir freuten uns auf den nächsten Urlaub. Im Sommer fuhren wir mit der Bundesbahn an den Rhein. Über ein Reisebüro in Hannover hatten wir eine Privatunterkunft

in Bingen gebucht. In einem gut aussehenden Fachwerk-
haus wurden wir freundlich von einer älteren Dame
empfangen, welche ein Zimmer an Urlaubsgäste vermietet.
In der ersten Etage erhielten wir ein kleines, aber
gemütlich eingerichtetes Zimmer. Auf einer Kommode
stand eine große Porzellanschüssel. Die Vermieterin teilte
uns mit, dass sie uns morgens und abends einen Krug mit
frischem Wasser vor die Tür stellt. Das Toilettenhäuschen
befindet sich auf dem Hof. Frühstück gab es im Erdgeschoss, im Wohnzimmer. Wir behielten unseren Humor
und stellten fest, wie gut es uns doch geht, wenn wir an
unsere Wohnung in Hannover dachten. Hier hatte es
keinen Kriegsschaden gegeben. Die Wohnverhältnisse
waren so wie in den Vorjahren geblieben. Das gab uns zu
denken, ohne die gute Stimmung zu trüben.

Wir machten Ausflüge mit einem Rheindampfer und mit
dem Bus nach Assmannshausen und in das Murrbachtal.
Auf der gegenüber liegenden Seite des Rheins, bei
Rüdesheim, gab es eine Badeanstalt. Die bestand aus einer
schönen grünen Wiese am Rhein und einer Holzbaracke
mit mehreren Umkleidekabinen. Im Rhein waren einige
dicke Holzstämme verankert, welche das Schwimmbecken
von der Fahrrinne abgrenzte. Kaum zu glauben! Aber
1951 konnte man noch im sauberen Rhein schwimmen.
Der Fluss war noch nicht verseucht. Gut erholt konnten
wir uns nach zwei Wochen wieder an die Arbeit machen.

Bilanzbuchhalterprüfung

Im September 1951 meldete ich mich für einen
Lehrgang zur Vorbereitung auf die Bilanzbuchhalter
Prüfung an. Der Antrag wurde abgelehnt, da ich nur die
Volksschule besucht hatte. Zunächst war ich erst mal
deprimiert und kaum ansprechbar. Inge musste mit
darunter leiden. Ich sprach mit meinem Chef und der
machte mich auf Dipl. Handelsschullehrer Oehlschläger
aufmerksam, bei dem ich ja 18 Monate lang Abendunterricht gehabt hatte. Der war sofort bereit, mir zu helfen
und schrieb ein entsprechendes Gutachten. Auch
versprach er zu telefonieren. Nach einigen Tagen ging ich
mit dem Gutachten zum betreffenden Büro bei den Städt.
Handelslehranstalten und bat um Berücksichtigung. Es

verging eine qualvolle Woche. Dann erhielt ich eine Ausnahmebescheinigung und durfte an den Abendkursen teilnehmen.

Die fanden im Oktober und November zweimal die Woche abends statt. Im Dezember war die Prüfung. Kurz vor Weihnachten erhielt ich dann die Bestätigung: „Bestanden". Zensuren sind dabei nicht üblich. Die Freude war groß und Weihnachten wieder ein schönes Fest, welches gemeinsam mit Eltern und Schwiegereltern gefeiert wurde.

Die häusliche Silvesterfeier war recht feucht – fröhlich im Freundeskreis.

Das Jahr 1952 begann für mich sehr gut. Ich erhielt gleich in den ersten Tagen von der Industrie- und Handelskammer eine Urkunde, wonach ich „die Fachprüfung im Buchhaltungs- und Bilanzwesen bestanden" habe. Nicht ganz ohne Stolz zeigte ich diese Urkunde meinem Chef und auch den Kollegen. Das Arbeiten in der Firma wurde allerdings nicht einfacher für mich. Der Chef gründete bzw. übernahm eine Speditionsgesellschaft als GmbH, ferner wurde eine „Technische-Werbe-Hilfe GmbH" gegründet. Geschäftsführer war zunächst meine Frau und dann ich. In Bad Lauterberg kamen die „DETA - Harzer Akkumulatorenwerke G.m.b.H." (Der-Ein-Tannen-Akku) in Schwung. Ferner gab es dort noch eine Beteiligung an der Jungbluth GmbH-& Co. KG. Diese Firmen kamen zu den bereits bestehenden zwei Export und Import GmbH und der schon während des Krieges gegründeten Wülfeler Metallwarenfabrik GmbH hinzu. In meinem 1957 ausgestellten Zeugnis steht wörtlich: "Im Zuge einer betrieblichen Umorganisation im Jahre 1952 unter gleichzeitiger Umstellung auf Maschinenbuchhaltung, war Herr Kamp neben zwei Buchhaltungsleitern für die Aufstellung der Bilanzen aller Firmen zuständig und hatte alleinverantwortlich die steuerlichen Dinge durchzuführen und zu vertreten. Er hat mehrere Rechtsmittel erfolgreich durchgeführt... usw."

Alle Firmen hatten Geschäftsbeziehungen nach außen aber auch untereinander. Alle Geldbewegungen innerhalb der Firmengruppe musste ich steuern und dafür sorgen, dass für die Verbindlichkeiten und vor allem für Löhne und Gehälter liquide Mittel zur Verfügung standen. Das war wirklich nicht einfach und kostete Zeit und Nerven.

Mein Zigarettenkonsum betrug mindestens 50 Stück pro Tag. Hinzu kam, dass die liquiden Mittel mit der Zeit immer geringer wurden, da der Chef nicht zu bremsen war und ein immer größeres Rad drehte.

Wir lieferten z.B. Ersatzteile für amerikanische Jeeps (vor allem Achsen), über Polen, UdSSR an Nordvietnam. Während des Krieges hatten die USA u.a. auch Jeeps an die UdSSR geliefert. Diese wurden über China an Vietnam weitergegeben und wurden nun von Nord-Vietnam gegen die USA eingesetzt. Wir belieferten Fidel Castro in Cuba und totalitäre Regierungen in Südamerika. Die finanzielle Abwicklung aller Exporte war meine Aufgabe. Die Belastung war enorm, aber die Arbeit machte mir Freude. Ziemlich erschöpft kam ich abends nach Haus.

Trotzdem gab aber auch schöne Abende im Freundeskreis mit meinen Schulfreunden Heinz und Ewald. Fast jede Woche trafen wir uns einmal zum Schachspielen, mal in der einen, mal in der anderen Wohnung. Unsere Frauen kamen mit und hatten ihren Klönabend. Die Gastgeberin hatte meistens auch noch ein paar Kekse gebacken und manchmal gab es auch einen Likör oder Schnaps. Ewald kannte einen älteren Herrn, welcher in seiner Jugendzeit schon mal bei Meisterschaften mitgespielt und Preise gewonnen hatte. Dieser Herr Wenck wurde unser Lehrmeister und so spielten wir an zwei Brettern. Herr Wenck war natürlich nicht zu schlagen, aber wer gegen ihn spielte, durfte schon mal einen Zug zurücknehmen und bekam einen Tipp obendrein. Wir haben alle von ihm gelernt und gesellig waren die Abende auch.

Inge hatte im Frühjahr ihre Stelle als Chef-Sekretärin gekündigt, da ein Kind unterwegs war. Unser Manfred wurde am 13.11.1952 geboren. Mutter und Kind sind gesund! Die Freude, auch bei den Großeltern war sehr groß. Auf Grund der Erfahrungen im Jahr 1951 hatte ich mir doch Sorgen gemacht. Zu dritt waren wir nun eine richtige Familie und der Wunsch nach einer eigenen Wohnung wurde immer größer. Zunächst wurde erst einmal ein Kühlschrank angeschafft. Für den war noch Platz in der Küche. Alles drehte sich nun um Manfred. Inge war stolz auf ihren Sohn, - wir waren sehr glücklich.

Im Jahre 1953 änderte sich nicht viel. Nur in der Firma wurde es immer hektischer und das Geld immer knapper. Immer öfter kam es vor, dass ich die Gehälter nicht pünktlich bezahlen konnte. Es gab einen Abschlag, den Rest eine Woche später. Die Löhne mussten bevorzugt jeden Freitag ausbezahlt werden. Der Buchhaltungsleiter der Wülfeler Metallwarenfabrik hatte gekündigt, so dass ich dessen Aufgaben mit übernehmen musste. Gut, dass es wenigstens noch einen Lohnrechner gab. Ich kann es mir heute selbst nicht mehr vorstellen, wie es damals funktionierte. Am Donnerstagnachmittag bekam ich vom Lohnrechner eine Aufstellung und etwa 80 handgeschriebene Lohnabrechnungen. Anhand der einzelnen Lohnsummen machte ich mir nun eine Strichliste, mit deren Hilfe ich am Ende wusste, wie viel Pfennige, Fünfpfennige, Groschen, Markstücke und Scheine ich haben musste, um diese zusammen mit der Lohnabrechnung in eine Lohntüte zu legen. Wie schon 1947 ging diese Prozedur des „Eintütens" vonstatten. Und wieder durfte natürlich am Ende keine Münze übrig bleiben, aber auch keine fehlen.

Zum Glück ist das selten passiert. An einen Fall erinnere ich mich besonders. Ich hatte am Ende ein Zweimarkstück übrig. Alles noch einmal nachgezählt. Die Lohntüten waren korrekt. Ich hatte ein Zweimarkstück zu viel. Dem Bankkassierer musste das Geld bei der Tagesabrechnung fehlen, weshalb ich dort anrief und meine Feststellung mitteilte. Ich hatte im Laufe der Jahre einen guten Kontakt zu dem älteren Herrn und war ganz entsetzt, als er mir im ärgerlichen Ton mitteilte: "Ein Bankkassierer irrt sich nicht. Behalten sie ihr Geld."

Abwechslung gab es am Engelbosteler Damm. Uns gegenüber wurde das Trümmergrundstück geräumt und ein großes Zelt errichtet. Abends war jetzt Freistielringen – Catchen! Da war was los! Musik und Geschrei aus dem Zelt, auch mal Proteste und Schlägereien. Dann kam die Polizei. Wir konnten aus unserem Stubenfenster in der zweiten Etage sicher alles verfolgen und hatten unseren Spaß. Mein Vater besorgte schon mal ermäßigte Karten (Rentner) und wir schummelten uns damit durch beim Gedränge am Eingang.

Umzug in die erste eigene Wohnung

Zunächst begann alles wie gewohnt. Wir bemühten uns allerdings verstärkt um eine eigene Wohnung. Selbst der Kauf einer Eigentumswohnung wurde mit in Betracht gezogen. Der Neubau von Wohnungen wurde durch begünstigte Kredite gefördert. Insgesamt herrschte eine Art Aufbruchstimmung. Immer mehr Trümmergrundstücke wurden aufgeräumt. Häuser, welche nur Brandschäden erlitten hatten, wurden instandgesetzt. Insgesamt war die Nachfrage nach wie vor erheblich größer als das Angebot. Es darf nicht vergessen werden, dass die Innenstadt total zerstört wurde und ganze Stadtviertel im Norden, Osten und in Linden ebenfalls.

Ein gewisses Kapital hatten wir angespart und bei meinem Gehalt war ein monatlicher Überschuss sicher, aber zum Kauf einer Wohnung langte es eben doch noch nicht. Hinzu kam, dass das Gehalt nicht immer pünktlich gezahlt wurde. Schließlich entschieden wir uns für einen Neubau in der Vossstrasse, eine geräumige 3-Zimmer-Wohnung mit Flur, Küche und Bad, allerdings noch mit Ofenheizung, aber die waren wir ja gewohnt. Der Baukostenzuschuss betrug 4.000,- DM und eine abwohnbare Mietvorauszahlung von 2.000,- DM wurde außerdem fällig. Das waren rund 10 Monatsgehälter Der Bau wurde mit Hilfe eines staatlichen Zuschusses finanziert. In diesem Vertrag war festgelegt, wie hoch die Mieten nach Endabrechnung sein durften. Im Endeffekt war es dann so, dass die vorläufig vereinbarte Miete erhöht und die abwohnbare Vorauszahlung dadurch kompensiert wurde.

Ingeborg hat dann an einigen Tagen in der Woche vormittags stundenweise bei einem Architekt in der Südstadt gearbeitet. Unseren Sohn Manfred konnte sie bei ihrer Mutter solange abgeben, da diese ganz in der Nähe wohnte. Die Wohnungseinrichtung war zunächst noch ein wenig einfach. Im Wohnzimmer standen ein gebrauchter Schreibtisch und eine Liege. Tisch und Stühle hatten wir schon. Hinzu kamen die zwei Sessel, welche uns gegenseitig zur Hochzeit geschenkt hatten. Neu war das Schlafzimmer und für unseren Sohn hatten wir jetzt auch ein Kinderzimmer. Auch für Küche und Bad mussten noch Anschaffungen gemacht werden. Ingeborg hatte nun ihr Reich für sich und konnte Arbeit und Zeit nach ihrem

Willen einteilen. Wir waren glücklich und die Wohnungs-
einweihung haben wir im Freundeskreis tüchtig gefeiert.

Im Jahr 1955 änderte sich zunächst kaum etwas. Nur
die finanziellen Sorgen in der Firma wurden immer
größer. Unser Etat geriet schon mal ins Schwanken, wenn
die Gehaltszahlungen mehr als einen Monat rückständig
waren. Trotzdem wünschten wir uns für unseren Sohn ein
Geschwisterchen. Bald wussten wir, dass ein Baby
unterwegs war. Im Juni wurde unsere Petra geboren.
Wieder waren Mutter und Kind wohlauf und die ganze
Familie einschließlich Großeltern glücklich. Manfred, ihr
großer Bruder, war um seine kleine Schwester sehr
besorgt und beobachtete alles sehr genau. Für uns begann
nun eine „Kalenderehe" mit viel Aufregung, wenn die
Regel mal einen oder zwei Tage zu spät kam. Es gab zwar
seit einiger Zeit die Pille, aber es wurde immer wieder
behauptet, dass dadurch die Frauen leichter Krebs
bekommen. Daher haben wir lieber auf die Pille verzichtet.

Beeinträchtigt wurde die an sich glückliche Zeit durch
die Krankheit meines Vaters. Er verstarb als 72-jähriger
kurz nach der Geburt unserer Tochter. Meine Mutter war
nun allein in der großen Wohnung in der Warstraße. Sie
konnte aber bald ein Zimmer an die im gleichen Hause
wohnende Ärztin abgeben, welche einen Raum noch
zusätzlich benötigte. Meine Mutter haben wir aus unserer
Sicht oft besucht und auch zu uns eingeladen, obwohl es
sehr eng geworden war. Außerdem war Inge mit der
Versorgung ihrer vierköpfigen Familie voll ausgelastet.
Beruhigt konnte ich feststellen, dass das Verhältnis der
beiden Frauen sich wesentlich gebessert hatte, seitdem
wir eine eigene Wohnung hatten.

Arbeitgeber auf dem Weg in den Konkurs

In der Firma hatte ich ständig mit großen finanziellen
Schwierigkeiten zu kämpfen. Einige Lieferanten
forderten Vorauszahlungen. Eine wichtige Geldquelle war
die Ausfuhrvergütung.

Wie bereits berichtet, hatte ich schon zu Reichsmark-
Zeiten entsprechende Anträge beim Finanzamt eingereicht. Mit dem zuständigen Finanzbeamten hatte sich im

Laufe der Jahre ein festes Vertrauensverhältnis aufgebaut. Stets hatte ich nur einwandfreie Unterlagen eingereicht und meine Berechnung stimmte immer. Von den finanziellen Schwierigkeiten in der Firma berichtete ich laufend und konnte erreichen, dass der Beamte den Auszahlungsbeleg sofort ausstellte und die Prüfung erst nachträglich vornahm. Während es anfangs 6-8 Wochen dauerte, bis das Finanzamt die Überweisung vornahm, hatte ich seit einiger Zeit schon nach einer Woche das Geld zur Verfügung.

Auch im Exportgeschäft kam es vor, das Kunden die Lieferungen nicht pünktlich abnahmen, so dass die Zinsen für Bankkredite immer höher wurden. Immer höher wurde auch mein Zigarettenkonsum. Ich bekam ein Magengeschwür und musste ins Krankenhaus. Der Chefarzt erklärte mir und meiner Frau, dass ich die Chance hätte, ohne Operation wieder gesund zu werden. Bedingung: keine Zigaretten und etwa ein Jahr strenge Diät, welche dann je nach Untersuchungsergebnis nach und nach abgebaut werden kann.

Am Abend vor der Aufnahme im Krankenhaus rauchte ich die letzte Zigarette meines Lebens! Im Krankenhaus war ich drei Wochen. Ingeborg erhielt einen Diätplan und wurde Diätköchin. Für mich musste alles im Wasserbad gekocht werden. Unsere Tochter bekam Babynahrung (keine Fertigkost!). Für Manfred und sich selbst wurde dann noch extra gekocht. Eine Waschmaschine hatten wir nicht und Pampers waren für die meisten jungen Mütter noch unbekannt. Ingeborg hatte von ihrem letzten Gehalt noch eine Nähmaschine gekauft und nähte Windeln, welche in einem großen Topf laufend ausgekocht wurden. Sie hatte bestimmt keine Langeweile und ich war nicht immer gut gelaunt, da das rückständige Gehalt immer mehr wurde.

Schulden machen bzw. einen Kredit aufnehmen wollten wir nicht. Also wurde das Kinderzimmer zum Gästezimmer umfunktioniert. Unser Schlafzimmer war so groß, dass beide Kinderbetten noch Platz hatten. Das Kinderzimmer wurde an eine junge Frau vermietet, welche hier in Hannover eine Fachschule besuchte.

Mein Kollege Stahlhut, welcher schon in der Firma war, als ich am 2.1.1947 zu ihm in die Buchhaltung kam, kündigte und ging als Buchhaltungsleiter zu Scharnow-

Reisen. Kurze Zeit später kam es zum Zusammenschluss von drei Reisebüros und es entstand die „TUI-Touristikunion". Er schaffte es, Finanzprokurist zu werden und wurde Großverdiener. Wir blieben freundschaftlich miteinander verbunden und hatten öfter familiären Kontakt. Zu unserem Kreis gehörte auch Dr. Odenwald, ehemals Vorstandsmitglied der Continental AG.

Er war 1946 aus Altersgründen ausgeschieden und eine für damalige Verhältnisse recht gute Abfindung erhalten und bezog außerdem eine entsprechende Rente. Es lebte aber verhältnismäßig bescheiden in einer Mietwohnung zusammen mit seiner ehemaligen Sekretärin. Da er in unserer Nähe wohnte, trafen wir uns öfter und redeten über Gott und die Welt und auch über Teufeleien in Politik und Wirtschaft. Er war mehr Naturwissenschaftler, so dass wir uns prächtig ergänzten, wenn ich über meine Tätigkeiten erzählte.

Eines Tages erzählte er mir von seinem Bankguthaben und machte mir einen Vorschlag. Ich sollte für ihn mit Aktien spekulieren. Da ich sowieso fast jeden Tag zur Bank musste, bin ich gern auf seinen Vorschlag eingegangen. Auf einem Sonderkonto stellte er mir einen namhaften Betrag zur freien Verfügung. Am Jahresende würde abgerechnet. Vom Gewinn erhielt ich 20%, am Verlust müsste ich mich mit 10% beteiligen. Das war das Richtige für mich. Endlich eine Arbeit, die Spaß macht! Auf einem großen Bogen Millimeter-Papier wurden die Kurse von einigen ausgesuchten Aktien eingetragen, damit ich optisch einen guten Überblick bekam. Bei einem Plus-Kurs von gut 20 Punkten verkaufte ich die betreffenden Aktien. Nach Abzug der Kauf- und Verkaufsgebühren blieb für mich immer noch ein Plus von etwa 10%. Es gab jedoch auch negative Posten. Nach erfolgter Abrechnung hatte ich so viel verdient, dass ich mir ein Tonbandgerät kaufen konnte. Dass war damals eine tolle Sache.

Wesentlich änderte sich nichts im Jahre 1956. Nur in der Firma wurden die finanziellen Verhältnisse immer schlechter. Zwei große Lieferungen an türkische Kunden sollten Entlastung bringen. Vom Krieg waren zahlreiche amerikanische Fahrzeuge, Lkw, Jeeps usw. von den alliierten Truppen zurück gelassen worden. Der Bedarf an Ersatzteilen war groß. Zum Teil wurden diese in der zum

Konzern   gehörenden   Wülfeler   Metallwarenfabrik
hergestellt. Der Liefertermin wurde eingehalten und fob
(free on board) Bremen verschifft. Mit den Verschiff-
ungspapieren eilte ich zur Bank für Gemeinwirtschaft
(Gewerkschaftsbank, früher „Bank der Deutschen
Arbeit"), mit welcher wir in letzter Zeit schon mehrere
Exportgeschäfte abgewickelt hatten.

Wir bekamen etwa 70% des Verkaufspreises (eine
beträchtliche Summe) als Kredit, so dass ich nicht nur
Löhne, sondern auch rückständige Gehälter und die
dringendsten Rechnungen bezahlen konnte. Keiner ahnte
die Katastrophe, die folgte. Die Sendungen wurden von
den türkischen Kunden nicht abgenommen und lagerten
dort im Zolllager, verursachten also Kosten. Mein Chef
bemühte sich telefonisch und schriftlich und bot
schließlich sogar einen Rabatt an. Alles vergeblich. Die
Bank erhielt Nachricht vom Sachverhalt und kündigte den
Kredit. Angeboten wurde ein neuer Kredit zum höheren
Zinssatz, den der Chef akzeptieren musste. Für das
laufende Geschäft war nun wieder kein Geld da. Damals
habe ich mir geschworen: "Begib dich nie in die Abhän-
gigkeit einer Bank."

Auch für mich wurde die Arbeit immer schwieriger.
Wenn ich wieder ein kleines Guthaben angesammelt hatte,
fuhr ich mit dem Bargeld zu den Lieferanten, welche
bereits einen Versteigerungstermin anberaumt hatten. Mit
viel „Bitte Bitte" und einer möglichst kleinen Abschlag-
zahlung konnte ich dann erreichen, dass der Termin
zunächst einmal wieder vertagt wurde. Mit dem Restgeld
konnte ich dann Löhne ausbezahlen und einen Abschlag
auf die Gehälter. Ein ganz schlimmer Tag verfolgt mich
manchmal noch jetzt im Traum.

Es war wieder Freitag, und ich hatte so wenig Geld,
dass ich den Arbeitern nur einen kleinen Abschlag
anbieten konnte. Ich ging durch die Maschinenhalle zum
Zimmer vom Betriebsrat und erklärte dort die Situation.
Der Mann war ganz vernünftig und sah ein, dass die
Situation nun einmal so war. Ein Arbeiter, welcher
zufällig auch im Zimmer war, hörte mit und verließ das
Zimmer. Draußen schrie er dann laut zu seinen Kollegen:
"Heute gibt's kein Geld!"

Es gab erhebliche Unruhe. Auf dem Weg zu meinem
Büro wurde ich von einigen Arbeitern beschimpft und

einer warf sogar einen Schraubenschlüssel nach mir. Ich war vollkommen fertig. Ich konnte doch nichts ändern. In meinem Büro habe ich mich eingeschlossen und geheult wie ein kleiner Junge. Der Vorsitzende des Betriebsrats sprach mit dem Chef und kurz vor Feierabend wurde für die Arbeiter eine Betriebsversammlung abgehalten. Wie ich später erfuhr, hat der Vorsitzende kurz die finanzielle Lage der Firma erläutert und dann mit markigen Worten: "Es ist eine Sauerei, wenn ihr einen Kollegen beschimpft, der es nicht ändern kann und sich bemüht, das Beste für Euch rauszuholen!" die Lage geklärt. Ich habe nie wieder Schwierigkeiten gehabt, obwohl es in den folgenden Monaten noch öfter vorgekommen ist, dass nur ein Abschlag gezahlt werden konnte.

In der letzten Hälfte des Jahres wurde die Situation immer schlechter. Besonders geärgert habe ich mich über die Herren der Bank. Plötzlich tauchten auf den Bankauszügen Belastungen auf für Reisekosten. Für mich beachtliche Beträge. Der Chef wusste nichts davon. Auf Rückfrage teilte die Bank mit, dass immer zwei Herren nach Istanbul reisen müssten um nachzuschauen, ob die Ware noch im Zolllager liegt. Flugkosten 1. Klasse, bestes Hotel!! 1956 waren Reisen in die Türkei noch etwas besonders Interessantes, auch für leitende Bankangestellte.

Das Arbeiten machte wirklich keine Freude mehr. Die Stimmung war auf dem Nullpunkt. Vermutlich hat das meine Frau damals auch zu spüren bekommen und tapfer ertragen. Ich kann mich jedenfalls nicht an Klagen oder Vorwürfe erinnern. Eines Abends erzählte sie mir, dass sie mittags nicht gewusst hätte, wovon sie für die Kinder Mittagessen kochen soll. Sie hatte noch Kartoffeln, Speck und Zwiebeln. Also tat sie Speck und Zwiebeln in die erhitzte Pfanne. In diese „Stippe" durften die Kinder dann die Kartoffelstücke eintauchen. Deren Kommentar: "Mama, das hat aber ganz prima geschmeckt. Das musst du öfter machen".

Die Situation musste geändert werden. Gegen Ende des Jahres 1956 nahm ich an einen Kursus zur Vorbereitung auf die Prüfung zum „Helfer in Steuersachen" teil, abends nach Feierabend natürlich. Trotz allem waren Inge und ich aber nicht mutlos. Im Freundeskreis fanden wir immer wieder mal etwas Abwechslung beim „Kaffeeklatsch" und

beim Schachspielen. Und Silvester haben wir im Hause
mit unseren Freunden auch gefeiert. Auch die gelegentlichen Familienfeiern zusammen mit unseren Eltern
brachten etwas Freude in den tristen Alltag.

Neue Herausforderungen

Nachdem ich im Vorjahr den Vorbereitungskursus
absolviert hatte, meldete ich mich zur Prüfung an,
wurde jedoch nicht angenommen, da ich keine höhere
Schule besucht hatte. Nach einigen Gesprächen wurde
letztlich die 1952 bestandene Bilanzbuchhalterprüfung als
gleichwertig angesehen. Am 10.2.1957 habe ich die
Prüfung als „Helfer in Steuersachen" bestanden. Endlich
einmal wieder etwas Positives.

Einen Monat später wurde ich 34 Jahre alt. Im Februar
war auch Lohnsteuerprüfung in der Firma. Keine
Besonderheiten. Mit dem Prüfer kam ich privat ins
Gespräch und sprach davon, dass ich mich nach einer
neuen Stelle umsehen muss. Er wusste schnell Rat und
empfahl mich bei der Firma XY, einer Großhandlung.
Zum Vorstellungsgespräch empfing mich die Chefin, eine
nette Dame etwa Mitte 40. Ich erzählte meinen beruflichen Werdegang, erwähnte die soeben bestandene Prüfung
und nannte auch meine Gehaltsforderung. Etwas höher als
bisher, da in den letzten zwei Jahren keine Erhöhung
mehr erfolgt war und ich hier die Leitung der Buchhaltung mit Aussicht auf Prokura übernehmen sollte. Wir
wurden uns schnell einig.

Nun entstand für mich eine schwierige Situation. Ich
musste kündigen. Dieses Gespräch mit meinem Chef,
welcher mich so gefördert hatte, war verdammt nicht
leicht. Er zeigte jedoch Verständnis und deutete an, dass
auch er auf ein gutes Verhältnis in Zukunft Wert legt.
Ferner ließ er durchblicken, dass die GmbHs alsbald
Konkurs anmelden würden. Vom Konkurs nicht betroffen
war seine Ursprungsfirma, die Großhandlung, welche in
der Rechtsform eines Einzelkaufmanns bestand. Trotz
aller Schwierigkeiten war es mir gelungen, diese Firma
nahezu schuldenfrei zu halten.

Noch ein weiteres schwieriges Gespräch hatte ich mir
vorgenommen. Ich wollte die rückständigen Löhne und

Gehälter auszahlen, bevor ich die Firma verlasse. Anhand der Rückstandsliste fing ich nun an zu zählen, wie viel Pfennigstücke, Zweipfennigstücke, Fünfpfennigstücke usw. ich benötige. Ich fuhr zur Bank und musste erfahren, dass kein weiterer Kredit möglich sei. Da wurde ich frech und „stürmte" das Büro des Finanzprokuristen. Ich drohte damit, wegen der diversen Türkei-Reisen den Betriebsrat, die Gewerkschaft und nötigenfalls auch die Presse einzuschalten.

Ich wurde richtig laut und frech, was sonst nicht meine Art ist, und sagte auch, dass ich die Firma verlassen werde. Man beschwichtigte und bat mich, etwas zu warten. Die Sekretärin brachte mir Kaffee und Zigaretten (die ich nicht anrührte!!) und saß wie auf heißen Kohlen. Mir kam die Zeit recht lang vor, aber tatsächlich waren wohl nur 15 – 20 Minuten vergangen, bis der Prokurist wieder zurück kam und mir die Kassenanweisung mit Worten wie „in Anbetracht der bisherigen guten Zusammenarbeit" und „mit besten Wünschen für die Zukunft" und ähnlichen Floskeln überreichte. Mit einem Sack voller Münzen und etlichen Geldscheinen fuhr ich zur Firma zurück und konnte „Eintüten".

Irgendwie war ich doch mächtig stolz darauf, als meine letzte Tätigkeit die restlichen Löhne und Gehälter auszahlen zu können. Der Abschied von den Kollegen und Kolleginnen, besonders aber auch vom Chef war sehr emotional und ging nicht ganz ohne Tränen vonstatten.

Schon am 19.2.1957 begann meine Tätigkeit bei der neuen Firma. Die Chefin begrüßte mich freundlich, stellte mich ihrem Mann, dem Inhaber der Firma vor, zeigte mir den Betrieb und machte mich mit den Kollegen bekannt. In der Buchhaltung saß ein schon etwas älterer Herr, der Prokurist. Ferner eine Buchhalterin, eine Schreibdame, und auch für mich war ein Schreibtisch vorhanden. Wie ich erst später erfuhr, hatte man meinen Tisch erst ein paar Tage zuvor vor den Tisch der Chefin gestellt, auf deren Anordnung. Wir saßen uns somit Auge in Auge gegenüber, was mich anfangs doch sehr irritierte, zumal sie kein Geheimnis aus ihrer ansprechenden Oberweite machte. Nur gut, dass sie selten länger als 2 – 3 Stunden anwesend war, so dass ich auch an meine Arbeit denken konnte. Meine Aufgaben waren recht bescheiden. Mir wurde die Führung der Hauptkasse übertragen. Ferner hatte ich aufgrund der Buchführungszahlen eine Art Finanzübersicht zu erstellen und dem Chef, bzw. seiner Sekretärin vorzulegen.

Dabei stellte ich fest, dass meine Hauptkasse in der Buchführung fehlte. Die Ein- und Ausgänge wurden wie Privatentnahmen gebucht. Der Prokurist führte eine sogenannte Betriebskasse, über die alle betrieblichen Zahlungen gebucht wurden. Der Prokurist war freundlich zurückhaltend zu mir. Vermutlich hatte er Angst um seinen Arbeitsplatz. Mit den beiden Damen kam ich nach und nach ganz gut ins Gespräch. Wie schon in den früheren Jahren hatte ich auch hier für die Bezahlung der Lieferantenrechnungen zu sorgen. Die Summen bewegten sich manchmal im fünfstelligen Bereich. Hin und wieder musste ich aus meiner Kasse Bargeld bei der Bank einzahlen. Von der Chefin, zumeist aber von der Chef-Sekretärin erhielt ich hin und wieder Bargeld in verschiedener Höhe, ohne es quittieren zu müssen. Mir war dieser Sachverhalt ganz unheimlich, zumal die Chefin einen zweiten Schlüssel zum Tresor hatte. Die Buchhalterin erzählte mir, dass vor meiner Zeit die Chefin allein einen Schlüssel gehabt habe. War das eine Falle?

Eigenartig war auch die mit mir vereinbarte Arbeitszeit. Das Büropersonal arbeitete von 7.30 Uhr bis 16.00 Uhr. Mit mir war eine Arbeitszeit bis 17 Uhr vereinbart. Tatsächlich kam es hin und wieder vor, dass Lieferungen erst am späten Nachmittag eintrafen und bezahlt werden mussten. Der Bargeldverkehr war verhältnismäßig hoch. Insgesamt hatte ich wenig zu tun und nur mit Mühe konnte ich so tun als ob. Selten sah ich den Chef. Immer häufiger die Chefin, welche oft erst kurz vor 16 Uhr auftauchte, um sich mit mir über private Dinge zu unterhalten. „Ein merkwürdiger Laden", dachte ich.

Ich war kaum einen Monat da, da erzählte sie mir von den Seitensprüngen ihres Mannes, worüber ich natürlich auch empört war. Dann bekam ich Fotos von Betriebsfesten zusehen, die ihren Mann bei der „Betreuung" der weiblichen Mitarbeiterinnen zeigte. Auch Fotos von ihren Töchtern, 18 und 20 Jahre alt, bekam ich zu sehen. Die Chefin fuhr einen flotten Karmann-VW und bedauerte, dass ich keinen Führerschein hatte. „Wir können aber trotzdem mal demnächst übers Wochenende nach Berlin zu unserer Villa fahren." Eines Tages wollte sie wissen, ob ich schon mal nackt gebadet habe. Zunächst wollte ich antworten: "Nur in der Badewanne", als sie schon von ihrem Landhaus in der Heide mit einem schönen Swimmingpool erzählte. So langsam wurde mir die Sache unheimlich.

Was die Kolleginnen schon längst gemerkt hatten, war mir noch nicht bewusst geworden. Das änderte sich schlagartig, als an einem späten Nachmittag die Chefin mit ihren zwei Töchtern erschien und mich so ganz beiläufig als ihren Freund vorstellte. Ich fühlte mich überrumpelt, denn von meiner Seite aus war dem nicht so, und ich hatte auch nicht die Absicht, das zu ändern. Als ich am nächsten Tag mit der Chefin wieder einmal allein im Büro war, sagte ich so ganz beiläufig: „Gestern haben sie mir ihre Töchter vorgestellt. Heute zeige ich ihnen mal Fotos von meinen Kindern, denen ich ein guter Vater sein möchte." Den Wink hat sie dann verstanden und ließ sich fast zwei Wochen lang nicht im Büro sehen. Ich sprach dann mit dem Prokuristen über eine Kündigung. Er versprach, dass die Kündigung unter einem Vorwand von der Firma aus erfolgt, damit ich den Anspruch auf Arbeitslosengeld nicht verliere. Ich bekam dann noch Urlaub und zum 30.9.1957 war das Arbeitsverhältnis, was wohl ein „Verhältnis" werden sollte, beendet. Meiner Frau habe ich damals von den ganzen Vorkommnissen nichts erzählt. Entlassen wurde ich lt. Schreiben wegen betrieblicher Umorganisation, welche eine zweite Führungskraft in der Buchhaltung erübrigt.

Arbeitslos

Nun lernte ich einmal etwas kennen, was mir völlig neu war: "Arbeitslos!"

So ganz arbeitslos war ich aber doch nicht. Mein ehemaliger Chef hatte vor einiger Zeit Kontakt zu mir und meiner Frau aufgenommen. Er hatte begonnen, in kleinem Umfang wieder Exportgeschäfte zu tätigen. Das war möglich, weil nur die Kapitalgesellschaften in Konkurs gegangen waren. Die „Dach-Firma" bestand immer noch in der Rechtsform eines Einzelkaufmanns. Diese Firma hatte ich von Schulden freigehalten. Sie hatte lediglich an Wert verloren, da die Beteiligungen an den

Tochtergesellschaften auf Null abgeschrieben werden mussten. Auch das beträchtliche Grundvermögen war verloren gegangen, da es als Sicherheit den Banken gedient hatte. Unser Chef hatte in der Humboldtstraße im Dachgeschoss eines Hauses ein kleines Zimmer gemietet und als Büro eingerichtet. Das war die Adresse. Die notwendigen Schreibarbeiten erledigte meine Frau bei uns zu Haus und ich fuhr gelegentlich zur Bank, um wie früher die finanziellen Dinge zu erledigen. Dafür erhielten wir eine kleine Vergütung. Auch ohne Vergütung hätten wir unserem Chef gern geholfen, denn in guten Zeiten hat er sich uns gegenüber recht großzügig gezeigt und mir eine sehr gute berufliche Entwicklung ermöglicht.

Sein neuer Anfang war recht schwer und wenig erfolgreich. Nach knapp einem Jahr erlitt er einen tödlichen Herzinfarkt. Seine Frau fuhr zusammen mit dem ältesten Sohn zurück in ihre Heimat Guatemala, und der jüngere Sohn wurde Prediger in einer Sekte in Deutschland. So verloren sich alle Spuren und wir denken noch manchmal heute dankbar an jene Jahre zurück.

Nun aber, im Oktober 1957 war ich ein arbeitsloser „Helfer in Steuersachen". Täglich las ich nun die Stellenangebote in der Zeitung. Vor allem die Sonnabend-Ausgabe der „Frankfurter Allgemeinen". Am Sonnabend brachte ich meine fünf und manchmal mehr oder auch weniger Bewerbungen dann noch zur Post, jedes Mal ein handgeschriebener Lebenslauf und Kopien der Zeugnisse dabei. Auch inserierte ich unter „Stellengesuche". Einige Male kam es zu Vorstellungsgesprächen, aber im Endeffekt kamen immer Absagen.

Einmal wurde ich sogar von einer Firma in Wesseling zu einem Vorstellungsgespräch eingeladen, einer erst kürzlich gegründeten Tochtergesellschaft der BASF. Kunststoffherstellung, 1957 noch verhältnismäßig neu, das wäre was für mich gewesen. Der Personalchef war sehr nett und ehrlich zu mir: "Für eine leitende Funktion müssen wir Abitur voraussetzen." Das war vermutlich bei vielen anderen Bewerbungen genauso. Ein Buchhaltungsleiter, welcher nur Volksschule besucht hatte, war eben auch zu der Zeit schon nicht vorstellbar. Praktische Tätigkeit und abgelegte Prüfungen zählten nicht. Ich war ganz schön deprimiert.

Vom Arbeitsamt wurde mir eine Stelle als Buchhalter bei einem Industrieverband zugewiesen. Pflichtgemäß meldete ich mich dort. Der Chef war abwesend. Die Sekretärin zeigte mir den Arbeitsplatz. Ein Tisch mit einer veralteten Buchungsmaschine. (Schreibmaschine mit aufgesetzten Zählwerken). Ich war entsetzt. Am nächsten Tag sollte ich mich um 9 Uhr beim Chef melden. Pünktlich war ich da. Nach etwa einer Stunde klopfte ich bei der Sekretärin an und brachte mich in Erinnerung. „Der Chef hat noch keine Zeit für Sie, warten sie draußen noch etwas", war die Antwort. Ich wartete noch fast eine halbe Stunde und verabschiedete mich dann von der Sekretärin. Am nächsten Tag erhielt ich einen Anruf vom Arbeitsamt. Man sagte mir, dass ich hätte warten müssen. Als Ausrede viel mir ein, dass ich noch einen anderen Vorstellungstermin gehabt hätte.

Ende November schickte ich auf Grund einer Zeitungs- anzeige meine Bewerbungsunterlagen an eine Großhand- lung mit Gummi-Teilen. Nach einem Vorstellungsgespräch wurde ich angenommen. Der Chef verriet mir noch, dass er auch mal Lehrling bei der Continental war. Wieder ein Glücksfall für mich! Schon am 16. Dezember begann meine Tätigkeit als Buchhaltungschef.

Beim Einstellungsgespräch trug ich noch eine Bitte vor. Für die ersten zwei Monate bat ich um ein reduziertes Gehalt, damit ich wieder krankenkassen- versicherungspflichtig wurde. Die private Krankenkasse wurde mir langsam zu teuer, nachdem ich neben zwei Kindern auch meine Frau privat versichern musste. Nun zahlte ich wieder einen Pflichtbeitrag für die gesamte Familie, welcher später auch als Höchstbetrag immer noch erheblich niedriger war als bei der Privatkasse.

Die Arbeit als solche war für mich nichts Ungewohn- tes. Mit den drei Damen kam ich recht bald ganz gut aus. Eine war schon Anfang vierzig und versuchte so etwas wie Vorarbeiterin gegenüber ihren beiden Kolleginnen zu sein. Sie gab Anweisungen ohne Rücksprache mit mir. Das habe ich dann schnell geändert. Ich fühlte mich aber insgesamt gesehen nicht wohl. Als Arbeitsplatz hatte ich einen verhältnismäßig großen Raum, welcher durch eine Glaswand abgetrennt war. Vor der Glaswand stand mein Schreibtisch. Hinter mir stand ein Schreibtisch welcher der Arbeitsplatz der Chefsekretärin war. Dauernd fühlte

ich deren Blick im Nacken. Hinzukam die Eigenart des
Chefs, dass er mit seinen Angestellten fast nur über seine
Sekretärin sprach. Diese Dame sagte, was der Chef
wünscht und überbrachte auch unsere Antworten.
Entsprechend war ihr Auftreten. Da sie auf meinen
Arbeitsbereich keinen Einfluss nahm, kamen wir kollegial
ganz gut aus.

Trotzdem, das Arbeitsklima war nicht angenehm.
Nachdem mir mitgeteilt wurde, dass ich mit weiteren
Gehaltserhöhungen nicht rechnen könne und ich im
Übrigen mit dem „Helfer in Steuersachen", welcher schon
seit längerer Zeit für die Firma tätig war, besser zusam-
men arbeiten möchte, stand für mich der Entschluss fest:
"Such dir was Besseres!"

Aufmerksam las ich die Stellenangebote in der Zeitung.
Eines Tages nach den Sommerferien erschien in der
„Hannoverschen Allgemeinen Zeitung" ein für mich
interessantes Inserat. Eine Beratungsfirma sucht zur
Verstärkung ihres Teams einen Betriebswirtschaftler und
einen Steuerberater. Ich reiche meine Bewerbungsunterlagen ein und werde zum Vorstellungsgespräch eingeladen.
Die Firma residiert in einer vornehmen Villa im Hinden-
burgviertel.

Der Chef und ein Prokurist führen mit mir das Gespräch. Nachdem ich über meine berufliche Vergangenheit
berichtet habe, erfahre ich über die Tätigkeit der Firma.
Diese besteht darin, dass mittelständischen Mode- und
Textilgeschäften eine fortlaufende Beratung durch
Fachleute angeboten wird. Es erfolgen in regelmäßigen
Abständen Besuche durch den Werbeberater, Einkaufsbe-
rater, Betriebswirt und auch ein Innenarchitekt steht zur
Verfügung. Die Firmen zahlen einen je nach Betriebsgrö-
ße ausgehandelten Monatsbeitrag. Es wird zugesichert, in
jedem Ort nur ein Geschäft zu betreuen. Im Gespräch
erläutert der Prokurist, dass die Firma im Rahmen der
betriebswirtschaftlichen Beratung auch in mehreren Fällen
die Steuerberatung mit übernommen habe und diesen
Bereich ausbauen will. Dafür soll ein Steuerberater bzw.
Steuerbevollmächtigter eingestellt werden. Auf die damit
verbundene Reisetätigkeit wird hingewiesen. Angeschlos-
sene Firmen befinden sich überwiegend in Kleinstädten
und sind über das ganze Bundesgebiet verteilt.

Das Gehaltsangebot war recht attraktiv und als ich zögerte und um kurze Bedenkzeit bat, wurde mir nach Ablauf von drei Monaten Probezeit eine Erhöhung zugesagt. Man war offensichtlich stark an mir interessiert. Ich versprach, mich am nächsten Tag wieder zu melden. Ohne Rücksprache mit meiner Frau wollte ich eine so wichtige Entscheidung nicht treffen. Die Arbeit als solche sagte mir sehr zu. Nahezu selbständig arbeiten und zahlreiche Firmen kennen lernen, das war was für mich. Ingeborg war einverstanden und so machte ich mich am nächsten Tag auf den Weg.

Dem Geschäftsführer der GmbH und dem anwesenden Prokuristen erklärte ich mein Einverständnis, allerdings unter einer Bedingung. Statt Probezeit eine Festanstellung auf fünf Jahre, da ich eine feste Anstellung als Buchhaltungsleiter verlasse und meine Fachkenntnisse durch Zeugnisse und amtliche Zulassung als Steuerbevollmächtigter hinreichend nachgewiesen sind. Die beiden Herren sahen sich etwas verdutzt an und baten mich, im Nebenzimmer Platz zu nehmen. Die Sekretärin brachte mir Kaffee und ich erfuhr im Gespräch schon etwas mehr über die Firma. Danach war man auf dem Weg über Verkaufsausstellungen zu gemeinschaftlichen Einkäufen der angeschlossenen Firmen, also fast Großhandel. Nach kurzer Zeit erscheint der Prokurist und teilt mir mit, dass man auf meine Forderung eingehen werde. Entsprechende Verträge würde er ausarbeiten und mir in einigen Tagen zusenden. Als Einstellungstermin wurde der 1. Oktober 1958 vorgesehen.

Nach Unterzeichnung der Verträge kündigte ich meine bisherige Anstellung und meldete mich schnell bei einer Fahrschule an. Bislang hatte ich noch nie Auto gefahren. Der Besitz eines Autos war 1958 für Privatpersonen noch sehr selten. Von der Sekretärin hatte ich erfahren, dass die Firma für den Außendienst VW-PKW angeschafft hatte. Diese mussten beim Schalten noch mit Zwischengas gefahren werden. Ich war anfangs ziemlich aufgeregt, schaffte dann aber doch die Fahrprüfung noch rechtzeitig.

Beratertätigkeit bei Zehnerring GmbH

Am Mittwoch, den 1.10.1958 beginnt meine Tätigkeit bei der Zehnerring GmbH. In der Tageszeitung wird darüber berichtet, - nein nicht darüber, sondern darüber, dass Elvis Presley in Deutschland eingetroffen ist, um als Gefreiter seinen Wehrdienst abzuleisten. Das ist natürlich auch Gesprächsthema im Büro. Für mich etwas leichter, mit meinen neuen Kolleginnen und Kollegen ins Gespräch zu kommen. Der Prokurist nimmt sich viel Zeit, um mich mit meinen Aufgaben und den Besonderheiten der Beratungsfirma vertraut zu machen. Wichtigstes Möbelstück ist ein Schrank mit Unterlagen der Firmen, welche ich zu besuchen, zu beraten und für die ich Bilanz und Steuererklärungen zu erstellen habe. Die Reihenfolge der Besuche muss ich immer mit dem Prokuristen abstimmen.

Das gefällt mir recht gut, zumal ich mit dem Prokuristen gut auskomme. Er hat Betriebswirtschaft studiert und ist dabei, einen Betriebsvergleich aufzubauen. Die zu besuchenden Firmen werden als Mitglieder bezeichnet, sind aber keine Gesellschafter, sondern Vertragspartner. In sog. Beraterverträgen werden die zu erbringenden Leistungen festgehalten. Grundlage ist die betriebswirtschaftliche Beratung sowie Hilfe beim Einkauf, bei der Werbung, Schaufenstergestaltung, Ladenumbau und bei einigen auch Bilanzerstellung und Steuerberatung. Es erfolgen 4 – 6 Besuche pro Jahr durch die entsprechenden Fachleute. Dafür zahlen die Mitglieder einen Monatsbetrag zwischen 50 und 150 DM.

Als erste Mitglieder muss ich Firmen in Gütersloh und Ennigerloh besuchen. Anhand der vorhandenen Unterlagen mache ich mich so weit wie möglich mit den Besonderheiten der Firmen vertraut und starte am frühen Morgen mit dem Dienst-VW. Die nette Sekretärin übergab mir Schlüssel und Papiere mit dem Hinweis, es sei ratsam, auf die Benzinuhr zu schauen. Nicht alle Kollegen tankten abends auf. Meine erste Fahrt begann nicht sehr glücklich. Auf der Hindenburgstraße war eine Baustelle. Die Fahrspur war recht schmal. Ein entgegenkommender Pkw irritierte mich. Ich fuhr zu früh nach rechts und landete mit einem Hinterrad in der Baustelle.

Mein Schreck war groß und meine Hilflosigkeit noch größer. Zwei Bauarbeiter und der Fahrer des anderen Pkw erbarmten sich meiner. Gemeinsam hoben wir meinen VW wieder auf die Fahrbahn, ohne das eine Beule entstanden war. Erleichtert aber auch sehr nervös fuhr ich los und erreichte Gütersloh. 1958 fand man noch verhältnismäßig leicht einen Parkplatz. Das Textilgeschäft befand sich in einem Eckhaus an der Hauptgeschäftsstraße, beste Lage also. Ich stellte mich vor und wurde vom Inhaber freundlich begrüßt. Er führte mich durch sein Geschäft und ging dann mit mir in die erste Etage zum Büro. Dort residierte eine ältere Dame, - seine Mutter. Wie ich schnell feststellte, war sie nicht nur für die Kasse und Buchführung zuständig, sondern fühlte sich auch wie die Geschäftsführerin, obwohl ihr Sohn die Firma vom verstorbenen Vater, einem Herrenschneider, geerbt hatte. Finanziell ging es der Firma nicht gut. Da sie im eigenen Haus keine Miete zu zahlen hatte, hielt sie sich einigermaßen über Wasser.

Nun muss ich erst einmal berichten, wie die Geschäftsleitung vom Zehnerring sich die Beratung vorstellte. Wir Außendienstler erhielten einen Durchschreibeblock mit etwa 40 Fragen, welche gemeinsam mit der Mitgliedsfirma zu besprechen und zu beantworten waren. Dadurch sollte erreicht werden, dass nichts Wesentliches vergessen wurde. Am Schluss stand der Satz: "Ich bin mit der Beratung zufrieden, „- Datum Uhrzeit -"(!!). So wurden wir Außendienstler kontrolliert und die Mitgliedsfirmen konnten keine Einwendungen erheben.

Im Fragebogen waren nur wenige allgemeine Fragen enthalten, welche Buchführung und Steuerrecht betreffen. Fast überall wurde das Kassenbuch vom Inhaber/Inhaberin geführt. Für die Buchführung kam je nach Umfang wöchentlich 1 bis 2mal eine Stundenbuchhalterin, welche dann auch die sonstigen Büroarbeiten mit erledigte.

Das war zwar nicht so ganz nach meinen Vorstellungen, aber zunächst einmal war ich viel auf Reisen und lernte die verschiedensten Menschen mit den unterschiedlichsten Problemen kennen. Vom Prokuristen erfuhr ich dann nach verhältnismäßig kurzer Zeit, dass den Mitgliedsfirmen als zusätzliche Leistung die Erstellung von Bilanz und Steuererklärungen sowie Hilfe bei Betriebsprüfungen

angeboten wird. (gegen zusätzliche Gebühr). Das wäre
dann mein Gebiet.

Die Nachfrage war groß genug und ich wurde nun
„Reisender in Sachen Steuerrecht". Ich war richtig froh
und glücklich. Reisen und Büroarbeit wechselten sich ab.
Für die schriftlichen Arbeiten und Telefonverkehr stand
mir im Büro eine junge Frau zur Verfügung. Praktisch war
ich mein eigener Chef. Um neue Kunden kümmerte sich
die Firma. Und so betreute ich nun Firmen im bereits
erwähnten Gütersloh, fuhr nach Ennigerloh, Rheydt,
Soest, Bremen, Berlin, Neustadt/Schwarzwald, Singen,
Großrosseln im Saarland usw..

Bei dem Mitglied in Großrosseln handelte es sich um
ein recht großes Textilgeschäft dicht an der französischen
Grenze. Der Ort in der Nähe von Saarbrücken bestand
aus zwei Teilen, welcher durch ein kleines Flüsschen in
einen französischen und eine saarländischen Teil getrennt
war. An der Brücke gab es einen Schlagbaum und einen
Zollposten, obwohl das Saarland 1958 noch von Frankreich verwaltet wurde. Die überwiegend deutsche
Bevölkerung betonte ihr Deutschtum zum Teil recht
radikal, vor allem was die Sprache betrifft. Es war
verpönt, französisch zu sprechen.

In der Oberschule war Französisch ein Wahlfach,
welches nur von wenigen deutschen Kindern gewählt
wurde. Im französischen Kleinrosseln gab es nur wenige
Läden und kein Textilgeschäft. Franzosen kamen daher
zum Einkaufen nach Großrosseln. Da Deutsche kein
französisch sprechen wollten, hatte die von mir besuchte
Firma drei Verkäuferinnen eingestellt, welche aus
Kleinrosseln kamen, also Französinnen waren. Für mich
war besonders interessant, dass Frankreich schon vor
mehreren Jahren das bei uns noch unbekannte Mehrwert-
steuer-System eingeführt hatte. In Fachzeitschriften
wurde in Deutschland auch schon mal über die Vor- und
Nachteile diskutiert. Ich habe mich dort eingehend
informieren können, was mir mehrere Jahre später von
großem Nutzen war.

Meine Reisetätigkeit gefiel mir recht gut. Ich bekam ein
recht gutes Gehalt und Reisespesen. Ein Auto stand mir
zur Verfügung, auch wenn ich es nicht mit nach Hause
nehmen durfte und die Reisen immer morgens vom Büro
aus antreten musste. Wenn ich die Fahrzeiten mitrechne,

kam ich allerdings häufig auf mehr als die üblichen 42 Stunden Arbeitszeit pro Woche. Immer versuchte ich, noch während der Bürozeit wieder in Hannover zu sein. Der Chef wünschte, dass die Autos in der Firma sind, um Privatfahrten zu vermeiden. Ich und vor allem meine Frau waren nicht böse darüber, dass der Abend der Familie gehört. Unser Sohn war inzwischen in die Schule gekommen und unsere Tochter freute sich immer, wenn der Papa sich Zeit zum Vorlesen nahm. Wir waren so eine richtig glückliche und zufriedene Familie. Hatten eine 3-Zimmer-Wohnung mit Küche und Bad in einem Neubau. Zwar nicht besonders luxuriös in der Ausstattung (noch Ofenheizung), aber für damalige Verhältnisse durchaus akzeptabel und gut eingerichtet.

Es war noch Zeit für den Freundeskreis aus vergangenen Schulzeiten. Familienfeiern fanden immer zu Hause statt. Silvester wurde jedes Jahr in einer anderen Wohnung (meistens recht lebhaft) gefeiert. Das Verhältnis zu Eltern und Schwiegereltern war ohne Probleme. Mit Fahrrädern fuhren wir oft zum Kleingarten meiner Schwiegereltern.

Im Sommer 1959 gönnten wir uns zusammen mit unseren Kindern zwei Wochen Urlaub auf Langeoog. Wir wohnten in einer Pension und hatten ein großes Zimmer mit zwei großen Betten und einem Kinderbett. Darin schlief Petra (4) und Sohn Manfred (6) kam mit in unser Bett. Vorgesehen war Selbstverpflegung. Im Haus befanden sich eine große Küche mit mehreren Kochstellen und ein großer Kühlschrank. Drei Familien teilten sich diese Einrichtung. Das beste Stück war eine Spülmaschine. Die hatte keiner zu Hause. Die drei Frauen standen vormittags in der Küche und hatten sich viel zu erzählen. Vermutlich über Männer und Kinder, aber auch Kochrezepte wurden ausgetauscht. Neben dem Haus war eine Spielwiese mit einer Hütte für Spielgeräte. Dort trafen sich die Kinder. Wir hatten am Strand einen Strandkorb gemietet.

Zum Frühstück holte Manfred Brötchen. Danach nahm er Petra bei der Hand und beide marschierten zum Strand, zu unserem Strandkorb. Ins Wasser durften sie erst, wenn Mama oder Papa dabei waren. Es war schönes Wetter und die See nicht zu unruhig. Manfred ließ sein kleines Boot vorne im Wasser schwimmen und Petra saß im Gummiring und paddelte fröhlich im Wasser.

Irgendwann kam eine leichte Strömung auf und Manfreds Boot machte sich auf eine Reise. Er mit lautem Geschrei hinterher und bis zur Brust im Wasser. Ich eilte, um sein Boot zu retten und sah dann, dass Petra inzwischen immer noch fröhlich im Gummiring Richtung Horizont davon paddelte. Jetzt galt es, schnell das Boot zu retten und dann zum Gummiring zu schwimmen. Ich war ganz schön aufgeregt und froh, als ich die beiden wieder an Land hatte. Trotz der engen Wohnverhältnisse war es ein richtig schöner Familienurlaub.

Zusammen mit meiner Familie besuchte ich dann auch noch das Textilgeschäft, welches ich schon mal beruflich besucht hatte. Freundlich wurden wir aufgenommen und lernten beiläufig noch, wie man in Ostfriesland Tee trinkt. Als ich dann noch erzählte, dass meine Mutter in Ostfriesland, in der Nähe von Aurich geboren wurde, war der Kontakt zu den Inhabern (welche dem Alter nach meine Eltern sein konnten) fast schon herzlich. Froh gelaunt und gut erholt fuhren wir mit dem Zug wieder nach Hannover.

Juli 1959

Am Montag war ich pünktlich wieder im Betrieb und staunte nicht schlecht, als ich in mein Büro kam. Die Schränke waren nahezu leer. Kartons mit eingepackten Akten standen herum. Auch ich stand herum, ziemlich dumm. Von der Sekretärin erfuhr ich dann folgendes.

Schon bevor ich als Mitarbeiter eingestellt wurde, war der Firma mitgeteilt worden, dass Steuerberatung nicht erfolgen darf. Dagegen hatte der Chef Einspruch eingelegt und auch Klage erhoben. In der vorigen Woche hatte das Finanzgericht dann die Klage abgewiesen und mit einem hohen Bußgeld gedroht. Wütend habe der Chef dann angeordnet, alle Steuerunterlagen in Kartons zu packen. Vom Prokuristen erfuhr ich dann, dass weder er noch der Chef eine Zulassung als Steuerberater haben. Da es sich um eine GmbH handelt, nützt es nichts, wenn ein Angestellter die entsprechende Zulassung hat. Ich bekam noch meine Kündigung zum 31. Juli 1959 und durfte nach Haus gehen.

Wütend und auch ein wenig deprimiert, erzähle ich meiner Inge, was geschehen ist. Zunächst sind wir beide doch sehr erschrocken und beunruhigt. Noch haben wir beide in Erinnerung, wie mühselig die Stellensuche vor zwei Jahren war. Hinzu kommt, dass ich meine Zulassung als Helfer in Steuersachen verliere, wenn ich den Beruf länger als ein Jahr nicht ausübe.

Als erstes widerspreche ich der Kündigung und bitte um ein Gespräch. Das findet ein paar Tage später mit dem Chef im Beisein des Prokuristen statt. Ich weise darauf hin, dass mit mir ein 5-Jahres Vertrag vereinbart wurde, obwohl bekannt war, dass die Steuerberatung untersagt ist. Mir wird vorgeschlagen, die bisherige Tätigkeit selbständig auf eigene Rechnung weiter auszuüben. Alle Mitgliedsfirmen erhalten ein entsprechendes Rundschreiben und die Empfehlung, einen Beratervertrag mit mir abzuschließen. Die GmbH ermäßigt den Mitgliedsbeitrag entsprechend.

Zu Hause angekommen, wird gemeinsam überlegt. Die Nachteile einer Selbständigkeit, aber auch die Vorteile werden überlegt. Es bleibt die Frage, wie viele Firmen bereit sind, mit mir einen Vertrag abzuschließen und zu welchem Honorar.

Nachdem zahlreiche Firmen bereit sind, mit mir einen Beratervertrag abzuschließen, wagen wir den Sprung ins kalte Wasser.

Sprung in die Selbständigkeit

Nun war ich also seit dem 1. September 1959 selbständiger „Helfer in Steuersachen", wie damals die offizielle Berufsbezeichnung lautete. Die Zulassung bezog sich zunächst nur auf die Bezirke der Finanzämter Hannover. Ich hatte aber schon im Rahmen meiner Tätigkeit für den Zehnerring bei der Oberfinanzdirektion Hannover einen Antrag auf erweiterte Zulassung gestellt, welcher dann über das Finanzministerium für das Land Niedersachsen genehmigt worden war. Über den Berufsverband hatte ich einen guten Draht zur OFD, welcher manches möglich machte.

Ich konnte also starten. Dem Empfehlungsschreiben
des Zehnerrings fügte ich gleich mein erstes Rundschreiben
bei. Überschrift: „Nachrichten aus der Wirtschaft und
dem §§-Urwald". Ferner ein Schreiben mit der Bitte, mir
den Auftrag zur Steuerberatung zu erteilen. Gebühren
siehe Preisnachlass Zehnerring. Fast alle Firmen, welche
ich bisher schon besucht hatte, stimmten zu. Hinzu
kamen nur einige wenige, welche mein Kollege besucht
hatte.

Nun benötigte ich als wichtigstes nicht nur eine
Schreibmaschine und einen Schreibtisch, sondern auch ein
Auto. Das war nicht einfach. VWs hatten eine Lieferzeit
bis zu 10 Monaten. Selbst teure Mercedes waren nicht
schneller lieferbar. In der Praxis lief das folgendermaßen.
Clevere Leute schlossen mit den Händlern Kaufverträge
ab, welche Lieferung in 10 – 12 Monate zusicherten. Wer
nun sofort ein Auto haben wollte, dem wurde vom
Händler eine solcher Zwischenhändler empfohlen. Auch
in den Tageszeitungen erschienen Inserate, zum Beispiel:
"Mercedes 120 – Kaufvertrag, Sofortlieferung, abzugeben."
Auch für VW erschienen ähnliche Anzeigen. Am
Telefon erfuhr man dann den Kaufpreis für den Vertrag.
Im Vertrag mit dem Händler war der Kaufpreis für den
Pkw festgelegt. Ich suchte nun im Anzeigenteil entsprechende
Angebote für einen VW, welche damals je nach
Ausstattung 4.200 - 4.600 DM kosteten. Hinzu kamen
etwa 200 bis 300 DM für den Kaufvertrag, insgesamt für
einen Durchschnittsverdiener etwa ein Jahresgehalt.

Eines Tages entdecke ich ein Angebot für einen DKW-
Junior, 150 DM für den Vertrag. Ich rufe an und erfahre,
dass der Händler einen Vorführwagen erhalten hat und die
Lieferungen in der nächsten Woche erfolgen können.
DKW-Junior war ein ganz neuer Typ und kam erst jetzt
als Konkurrenz zum VW auf den Markt. Der junge Mann,
welcher den Kaufvertrag unterschrieben hatte, war etwa
1,90 m lang und stellte bei der Testfahrt fest, dass er mit
seinen langen Beinen Schwierigkeiten hat. Für mich kein
Problem. Wir wurden uns schnell einig. Nun musste der
Kaufpreis noch beschafft werden. Eigene Reserven waren
knapp. Schreibtisch und eine Schreibmaschine waren
inzwischen gekauft. Eltern und Schwiegereltern halfen
etwas, aber es fehlte doch noch rund 2.000,- DM, da in
den ersten 2 – 3 Monaten nur mit einem geringen

Geldeingang gerechnet werden konnte. Aufgrund meiner
früheren Tätigkeit (Export-Finanzierungen) klopfte ich
zunächst bei der Commerzbank an: Kein Kredit möglich.
Bei der Dresdner Bank hatte ich mehr Glück und konnte
unser erstes Auto bar bezahlen. Ich hatte ausgerechnet,
dass ein Kredit über den Autohändler (Ausfallversiche-
rung) wesentlich teurer geworden wäre.

Nun stand in der Kriegerstraße unser Auto vor der Tür.
Fast ständig belagert von Neugierigen, welche das Auto
näher betrachten wollten. Auch bei den Mandanten kam
es gut an, dass ich nicht gleich mit einem „dicken
Mercedes" vorfuhr. Eine Ausnahme gab es in Bremen. Ich
stellte mich bei der Inhaberin eines Modehauses in der
Oberstraße vor und kam gut ins Gespräch. Sie machte
mich dann mit ihrem Prokuristen bekannt, welcher für
Buchführung und Bilanzen zuständig war. Dieser verhielt
sich recht reserviert und brachte mich dann zum
Parkplatz. Er machte ein paar abfällige Bemerkungen über
mein Auto und meinte, ob ich wohl für ein so großes
Geschäft geeignet wäre, - wer so klein anfängt. Das tat im
Augenblick sehr weh.

Zu Hause hatten wir die Schlafcouch aus dem Wohnzimmer entfernt. Dort kam ein Schreibtisch hin. Die
Kinderbetten hatten noch Platz in unserem Schlafzimmer,
so dass wir das Kinderzimmer vermieten konnten.
Finanziell war der Start doch recht schwierig.

Die Beraterverträge sahen einen Monatsbetrag zwischen
20 und 50 DM vor. Bei zwei Besuchen im Jahr auch wohl
noch etwas mehr. Davon mussten dann neben den
üblichen Bürokosten auch die Fahrtkosten bezahlt
werden. Um Übernachtungskosten zu sparen, fuhr ich so
oft wie möglich noch nach Haus und kam irgendwann in
der Nacht an. Vom Hotel aus meldete ich mich bei Inge.
Sie wusste immer wo ich war. Ihr Arbeitsplatz war der
Couchtisch geworden. Dort stand die Schreibmaschine.
Von den Einnahmen musste dann noch die Miete,
Heizung, Strom und die normalen Haushaltskosten
bezahlt werden. Auch die beiden Kinder kosteten Geld.
Manfred kam zur Schule und unsere Petra war inzwischen
auch schon vier geworden. Inge hätte auch Schneiderin
werden können. Aus meinem Vorkriegs-Anzug wurde ein
Anzug für Manfred und für Petra fand sie auch ältere
Sachen, die sie für Petra „wie neu" umschneiderte.

Zunächst hatte ich reine Beraterverträge abgeschlossen, ohne Buchführungsarbeiten. Bei den Firmen handelte es sich um Familienbetriebe, welche sich über den Krieg gerettet hatten und häufig schon in der 2. und 3. Generation existierten. Das Kassenbuch führte der Chef oder die Chefin. Die Buchführung (zumeist ein Journal) war Aufgabe einer sog. Stundenbuchhalterin, welche je nach Bedarf und Größe des Geschäftes ein oder mehrmals am späten Nachmittag ins Geschäft kam und auch die sonstigen Büroarbeiten und Korrespondenz erledigte.

Ich hatte es daher zunächst immer mit diesen Damen zu tun und musste deren Vertrauen gewinnen. Manche befürchteten zunächst, dass sie überflüssig würden. Das war nicht der Fall. Bei meinen Besuchen sah ich zunächst die Buchführung durch, ließ mir unklare Posten erklären und notierte mir Auffälligkeiten. Mit dem Inhaber besprach ich das Ergebnis und machte Vorschläge, wie man die steuerliche Belastung mindern kann. Da ich mich allgemein in der Branche gut auskannte, konnte ich neben den steuerlichen Dingen auch in Bezug auf Betriebswirtschaft, Werbung, Schaufenster- und Ladengestaltung beratend tätig werden.

Ein wesentlicher Punkt beim Jahresabschluss war die Bewertung der Warenbestände. Hierbei gab es viel Spielraum. War das vorläufige Jahresergebnis sehr gut, wurde der Warenbestand niedrig bewertet und der Buchgewinn reduziert. Es ergab sich eine stille Reserve, welche je nach Bedarf aufgelöst wurde. Auf diese Weise wurden größere Schwankungen beim Gewinn vermieden und dadurch kamen keine Spitzensteuersätze zum Zuge. Ich las nicht nur Steuergesetze u.ä., sondern auch Modezeitschriften und Textil-Wirtschaft Nachrichten. Was ich bei dem einen Mandanten erfuhr, konnte ich bei der nächsten Firma ggfls. verwenden. Örtlich waren die Entfernungen so groß, dass keine Konkurrenz vorhanden war.

Auf Modemessen und Verkaufsveranstaltungen von großen Herstellerfirmen, trafen sich die Einzelhändler und tauschten Erfahrungen aus. Auch über ihren Steuerberater. In der Regel befindet sich dieser am Ort, ist persönlich gut bekannt, ist im gleichen Verein oder Partei. Seine Mitarbeiterinnen wohnen im Ort. Der Steuerberater hat als Mandant nicht nur das Modegeschäft, sondern auch den örtlichen Bäcker-, Schlachter- und Kfz.-Meister. Die Gastwirtschaft besucht er nicht nur als Berater, sondern vor allem auch den Stammtisch.

Wenn es etwas zu besprechen gibt, findet das Gespräch im Büro des Steuerberaters statt. Die Auszubildende des Steuerberaters ist im Turnverein mit anderen Jugendlichen des Ortes zusammen. Diese Situation ist in Kleinstädten für manchen Geschäftsmann nicht ideal, da sowohl private als auch geschäftliche Dinge nicht alle verborgen bleiben. Hinzu kommt, dass selbst der tüchtigste Berater nicht alle branchenspezifischen Besonderheiten in Bezug auf Kalkulation, Gewinnspannen und steuerliche Vorschriften kennen kann. Die Betriebsprüfer der Finanzverwaltung sind dagegen auf zwei oder drei Branchen spezialisiert und kennen sich aus.

Da der Kreis der Mandanten in dieser Zeit noch überschaubar war und ich deshalb auch nicht allzuviel unterwegs sein musste, gab es noch Zeit für ein Privatleben. Mit Schulfreunden wurde Schach gespielt und die Damen hatten auch ihre Gesprächsrunde. In den vergangenen Jahren war auch nie die Verbindung zu meinem ersten Kollegen in der Wülfeler Firma abgerissen. Einige Male im Jahr trafen wir uns zu Haus in einer gemütlichen Runde. Hinzu kam eines Tages Herr Dr. Odenwald, ehemaliges Vorstandsmitglied der Continental, welcher aus Altersgründen 1946 ausgeschieden war. Es gab immer interessante Gespräche über Politik und Wirtschaft in der Vergangenheit, Gegenwart und wie es wohl weitergehen würde.

An einem Abend erzählte ich von meiner Schulzeit und von dem Ausspruch des damaligen Klassenlehrers, welcher bei jeder Gelegenheit sagte: ".. und Schuld daran sind die Juden, Jesuiten und Freimaurer!" Daraufhin erwähnte unser Dr., dass er vor kurzem in einem Tapetengeschäft mit dem Inhaber ins Gespräch gekommen sei und dieser erwähnt habe, dass er Freimaurer sei. Nun hatten wir ein neues und interessantes Gesprächsthema über Dinge, von denen wir wenig wussten. Bald danach fand im Künstlerhaus in der Sophienstraße eine Vortragsveranstaltung über die Freimaurerei statt. Ich erinnere mich an den Namen Fokko Woltjes. Ich ging dort hin und am nächsten Gesprächsabend konnte ich darüber berichten. Das Interesse an der Freimaurerei war geweckt.

Da wurde unser Dr. aktiv und vermittelte ein Gespräch zwischen mir und seinem Tapetenhändler (So nannte er ihn). In einem Wohnwagen, welcher neben dem Geschäft stand und als Büro diente, fand dann das erste Gespräch statt. Herr D. war in etwa mein Jahrgang und sehr sympathisch. Er erläuterte mir die Ziele der Freimaurerei und ich merkte mir vor allem die Begriffe Toleranz und Brüderlichkeit. Ich hörte, dass die Logen kleine Zirkel von gut gesinnten Männern bilden, welche die Geistesfreiheit für alle Menschen fordern und bemüht sind, die Ungerechtigkeiten der Außenwelt auszugleichen. So begann mein Weg in die Freimaurerei, die neben Familie und Beruf zum wichtigsten Bestandteil meines Lebens werden sollte. Doch dazu im letzten Kapitel mehr.

Erweiterung des Mandantenkreises

Langsam, aber stetig erweiterte sich mein Mandantenkreis, hauptsächlich durch Empfehlungen. Oft wird mir bei meinen Besuchen gesagt, dass ich mich bei einem anderen Geschäft mal vorstellen soll. Fast immer bekomme ich dadurch einen neuen Mandanten. Das ist auch notwendig, denn finanziell geht es uns nicht besonders gut. 1960 im ersten Jahr der Selbständigkeit betragen die Einnahmen nur rd. 12.000,- DM. Davon müssen alle Büro- und Fahrtkosten, Miete und Haushaltsausgaben einer 4-köpfigen Familie bestritten werden.

Schon 1961 steigen die Einnahmen auf 20.200,- DM und 1962 auf 22.300,- DM. In zwei Fällen müssen wir die laufenden Buchführungsarbeiten mit übernehmen. Da ist es gut, dass Inge zwei Jahre höhere Handelsschule besucht hat und diese Arbeiten übernehmen kann.

Glück habe ich auch auf der Insel Langeoog. Wie erwähnt, hatte ich dort schon beim Zehnerring ein Ehepaar kennen gelernt, welches ein kleines Textilgeschäft hat. Der Zehnerring hatte 1959 nur auf 20 DM monatlich verzichtet und das ist meine Gebühr gemäß Überleitungsvertrag. Gleich beim ersten Besuch sagt mir der Inhaber, dass er einen höheren Betrag auch nicht bezahlen kann, aber: „Gehen sie mal zu meinem Nachbarn, dem Frisör, und zwei Häuser weiter zum Geschäft mit Haushalts- und Eisenwaren. Mit den Inhabern habe ich gesprochen." Ich bekomme zwei neue Mandanten und Langeoog ist keine Zuschussreise mehr, obwohl die Fähre von Bensersiel nach Langeoog nicht gerade billig ist.

Finanziell waren wir nicht auf Rosen gebettet, aber Inge war eine sparsame Hausfrau und im Übrigen wurde ein Haushaltsbuch geführt, in dem sämtliche Ausgaben eingetragen wurden. Sparsamkeit war notwendig.

Auch das Jahr 1962 verlief zunächst in gewohnter Weise. Nur wenig Mandanten waren noch hinzugekommen. Inge hatte trotzdem schon reichlich zu tun. Nicht nur die Büroarbeit war mehr geworden. Unsere beiden Kinder verlangten Aufmerksamkeit, Rat und Trost und auch einmal Hilfe bei den Schularbeiten. Petra ging inzwischen zur Schule. Während Manfred sehr eifrig seine Schularbeiten erledigte und sich selbst beschäftigte (z.B. Elektrobaukasten), kam Petra schon mal öfter ins Träumen, wenn sie nicht wieder irgendwo herumturnte.

Wirklich große Sorgen haben uns unsere Kinder nicht gemacht. Wir konnten abends unbesorgt auch mal ins Kino gehen. Hin und wieder kam von den Kindern sogar die Frage: "Wollt ihr nicht mal wieder ins Kino gehen?" Wenn wir wieder nach Hause kamen, lagen zwei artige (!?) Kinder in ihren Betten und alles war in Ordnung. Es war eine schöne Zeit, auch wenn das Geld knapp war.

Leider war der Freundeskreis recht klein geworden. Freunde aus alter Zeit waren entweder aus dem Krieg nicht zurückgekommen oder hatten aus beruflichen Gründen inzwischen den Wohnort gewechselt. Eine Familie war nach Hamburg, eine andere in die Nähe von Stuttgart gezogen. Zwei Freunde aus der Schulzeit waren im Laufe der Jahre verstorben. Die Loge war daher auch für unseren Freundeskreis und unser Privatleben sehr wichtig geworden. Wir Männer waren zwar fast immer unter uns, aber die Damen hatten auch einen kleinen Kreis und trafen sich hin und wieder.

Steuerberatung auf Langeoog

Auf der Insel Langeoog ging es beruflich weiter voran. Anfänglich nur das eine Textilgeschäft waren inzwischen der Frisör sowie das Haushalts- und Eisenwarengeschäft hinzu gekommen. Ganz neu war ein junger Mann, welcher im Zuge einer Vorwegerbschaft von seiner Mutter ein Haus mit einem kleinen Restaurant geerbt hatte. Sein Bruder bekam ein Eckgrundstück mit einem Lebensmittelgeschäft. Der junge Mann hatte fleißig gearbeitet und viel investiert. Ein Kassenbuch wurde von einem auf der Insel wohnenden Stundenbuchhalter geführt. Der junge Mann (ich nenne ihn mal Enno) schrieb im Januar 1960 einen Brief an das Finanzamt.

Wörtlich: „Liebes Finanzamt, ich habe im vergangenen Jahr begonnen ein Restaurant einzurichten und auch Gästezimmer. Im Dezember habe ich zu Weihnachten und Silvester sogar schon ein paar Gäste gehabt. Mein Buchhalter hat alles aufgeschrieben. Ich habe aber viel Geld ausgeben müssen und bin mit dem Einrichten auch noch nicht ganz fertig. Ich kann daher erst mal nur einen Scheck über 100 Mark beilegen. Viele Grüße -- Enno x x x".

Der ernst gemeinte Brief war natürlich ein großer Lacherfolg beim Finanzamt in Wittmund. Der Brief vom Finanzamt war weniger lustig. Man verlangte eine Umsatzsteuererklärung, eine Eröffnungsbilanz oder Einnahme/Überschussrechnung, Einkommensteuer-Erklärung usw. Der Buchhalter hatte klugerweise Fristverlängerung beantragt. Als ich im Frühjahr wieder auf der Insel war, kamen beide zu mir und ich hatte einen neuen Mandanten. Mit Hilfe des Buchhalters war schnell alles in geordnete Verhältnisse gebracht. Interessant wurde der Fall bei Erstellung der Steuererklärung. Ähnlich wie für das Zonenrandgebiet gab es auch für die Nordseeinseln Sonderabschreibungen und Investitionshilfe.

Die Investitionshilfe beträgt 10% der gesamten Bau- und Einrichtungskosten. Da es sich fast um einen Neubau und vollständige Einrichtung einer Gaststätte und Hotelzimmer handelt, kommt eine beachtliche Summe zusammen, welche das Finanzamt zu erstatten hat. Das Finanzamt lehnt eine Investitionszulage aber ab mit der Begründung, dass im Jahre 1959 noch keine ordnungsgemäße Buchführung vorgelegen hat. Mein Einspruch wird abgelehnt. Ich erhebe Klage beim Finanzgericht in Hannover mit der Begründung, dass die Kassenführung im Jahre 1959 unter Berücksichtigung der noch geringen

Buchungsvorgänge durchaus als ordnungsgemäß anerkannt werden kann.

Das Finanzamt legt den netten Brief als Beweis für seine Behauptung vor, worauf Richter und Beisitzer nur mit Mühe ihre Heiterkeit unterdrücken können. Das Finanzamt behauptet ferner, das Kassenbuch sei nachträglich erstellt worden (Was allerdings auch stimmt). Wohlweislich hatte ich den Buchhalter aber angewiesen, nicht an einem Tag hintereinander aufgrund der sortierten Belege die Eintragungen zu machen, sondern an verschiedenen Tagen mit verschiedenen Kugelschreibern. Unter Vorlage des Kassenbuches kann ich somit behaupten, dass die Eintragungen fortlaufend erfolgt und somit ordnungsgemäß sind. Richter und Beisitzer ziehen sich zur Beratung zurück und teilen anschließend mit, dass sie die Unterlagen nochmals prüfen würden. Voraussichtlich würde meiner Klage stattgegeben.

Es dauerte dann noch gut einen Monat, bis ich das Urteil erhielt. Tatsächlich wurden die Aufzeichnungen als ordnungsgemäß im Sinne des Investitionsgesetzes anerkannt. Das Finanzamt erkannte das Urteil an und zahlte. Nun wurde ich auf der Insel nahezu wie ein Held gefeiert und die Anzahl der Mandanten nahm ständig zu. Hotels und Pensionen, Handwerker, das größte Lebensmittelgeschäft, Fahrradverleih und Hufschmied, die Internats-Realschule usw. usw..

Für mich war von Vorteil, dass auf der Insel kein Steuerberater sein Büro hatte. Ich fuhr nun in jedem Frühjahr und im Herbst zur Insel. Anfangs nur für einige Tage, zuletzt reichte eine ganze Woche nicht aus, zumal sehr viele Betriebsprüfungen stattfanden. Anfangs hatte ich auch mal zwischendurch Zeit, um die frische Seeluft zu genießen. In den letzten Jahren war ich auch abends noch unterwegs, da alle Mandanten zumindest mal eben besucht werden mussten, auch wenn nichts Besonderes vorlag. Ich kam mit den Ostfriesen gut zurecht, so dass ich immer gern zur Insel gefahren bin. Noch ein kleines Erlebnis:

Im Jahre 1978 war in Argentinien die Fußballweltmeisterschaft. Ein Mandant, ein junger Klempnermeister, erzählte mir, dass er in einem Preisausschreiben einen Freiflug nach Argentinien und Eintrittskarten für die Weltmeisterschaft gewonnen hat. Er hatte Hemmungen und traute sich nicht, den Flug anzunehmen. Er wollte die Karten evtl. verkaufen, Genauso gern möchte er natürlich auch zur Weltmeisterschaft. Im Verlaufe eines alkoholreichen Abends erzählte ich von meinen „internationalen Beziehungen" (Angeber!!) und versprach ihm, dass er in Buenos Aires vom Flughafen abgeholt und betreut wird. Adresse und Namen würde ich ihm noch mitteilen.

Am nächsten Morgen hatte ich dann nicht nur einen schweren Kopf, sondern auch Gewissensbisse ob meiner Zusage. Ich habe dann aber versucht mein Versprechen einzuhalten. Ich schrieb an einen argentinischen Logenbruder, den ich im Laufe einer Südamerikareise 1977 kennen gelernt hatte und mit dem ich danach auch noch einige Male korrespondierte. Postwendend kam die Antwort, dass er sich gern um meinen Klempnermeister kümmern würde. Besuch aus Deutschland wäre immer noch etwas Besonderes. Die Begegnung kam dann auch tatsächlich zu Stande.

Bei meinem nächsten Inselbesuch berichtete er noch ganz aufgeregt von seiner Argentinienreise. Er wäre kaum zu den Fußballspielen gekommen. Von mehreren Familien wäre er eingeladen worden und überall „rumgereicht" worden. Er hätte dableiben können. Eine Stellung als Werkstattleiter wurde ihm angeboten und bei mindestens zwei Familien auch eine Einheirat in Aussicht gestellt. Sehr attraktive junge Damen, wie er mir flüsternd mitteilte, denn er war jung verheiratet. Es wurde wieder ein ziemlich alkoholreicher Abend. Nebenbei waren meine „internationalen Beziehungen" auf der Insel ein interessanter Gesprächsstoff geworden.

Spezialisierung auf die Textilbranche

Doch nun zurück zu den 60er–Jahren. Auch auf dem Festland war ich erfolgreich. Die Spezialisierung auf Mode- und Textilgeschäfte zahlte sich aus. Die Inhaber trafen sich auf Einkaufsmessen und bei Veranstaltungen der Berufsverbände und tauschten Erfahrungen aus. Einen Steuerberater, welcher sich auf die Branche spezialisiert, sich z.B. in der Warenbewertung auskannte und auch betriebswirtschaftlich das spezifische Knowhow hatte, kannte keiner.

Wenn ich einen Mandanten besuchte, schaute ich mir zunächst die Schaufenster an. Nach der Begrüßung lobte oder kritisierte ich vorsichtig den Dekorateur, ging auf die ausgestellte Ware ein und erwähnte, was andere Geschäfte an Neuigkeiten und Einfällen zu bieten haben. Wenn in der Nähe eine Konkurrenz war, hatte ich mir zuvor deren Schaufenster angesehen, Preise gemerkt und sonstige Notizen gemacht. Es folgten dann noch ein paar Bemerkungen zur allgemeinen Situation in der Branche und aufmunternde Worte, falls mein Mandant mit seinem Umsatz nicht zufrieden war. Häufig war die Sortimentsgestaltung dann das nächste Thema und die Kalkulation. Kalkulation hat viel mit Zahlen zu tun und so kamen wir dann auch zu den Zahlen seiner Buchführung und ich zum eigentlichen Zweck meines Besuches.

Gewöhnlich war dann schon Mittagszeit. In den ersten Jahren ging ich dann in das nächste (nicht zu teure) Restaurant und kam zur vereinbarten Zeit wieder ins Geschäft. Immer häufiger wurde ich aber auch eingeladen und der Inhaber und ich gingen gemeinsam zum Essen. Bei vielen Mandanten (es waren ja fast alle mittelständische Familienbetriebe) ergab es sich, dass ich nach dem dritten oder vierten Besuch mit am Mittagstisch der Familie saß und auch die Kinder kennen lernte.

Manche Inhaber hatten ein Alter erreicht, welches Anlass war, über Nachfolger nachzudenken. Kam der Sohn oder die Tochter dafür in Betracht und waren diese auch interessiert, so empfahl ich meistens, den zukünftigen Nachfolger nach beendeter Schulzeit für ein Jahr zur Textilfachschule nach Nagold zu schicken. Das kam bei den jungen Leuten immer gut an. (Erst mal für ein Jahr weg von zu Haus!) In zwei Fällen brachte der Sohn dann gleich die zukünftige Schwiegertochter als neue Mitarbeiterin mit und alle waren zufrieden. Wenn dann nach einigen Jahren die Geschäftsübergabe erfolgte, blieb ich der Berater auch für die jungen Leute und das war ja auch für mich nicht schlecht.

Umzug in eine größere Wohnung

Der Arbeitsaufwand nahm laufend zu und war auch mit gelegentlich am Abend kommenden Hilfskräf-

ten nicht mehr zu schaffen. Wir brauchten Platz für einen
Büroraum. Das Angebot an Büroräumen war voll
ausreichend. Aber auch die Kinder waren inzwischen
größer geworden und brauchten Platz. Mein Ideal war
nach wie vor, Büro und Wohnung zusammen zu haben.

Nach einiger Zeit hatte ich das Richtige gefunden. Eine
150qm große Wohnung in der List. Noch vor kurzer Zeit
war diese Wohnung von drei (!) zwangseingewiesenen
Familien bewohnt worden. Nachdem zwei Familien
ausgezogen waren, suchte die letzte Familie eine kleinere
Wohnung für sich allein. Der Mann berichtete von den
schwierigen Verhältnissen im Miteinander während des
Krieges und der Nachkriegszeit.

Mit den Hausbesitzern wurden wir uns einig und im
Frühjahr 1963 standen die Möbelwagen vor der Tür. Am
gleichen Tag zogen wir aus und auch unser Vormieter in
der List. Die Möbelwagen begegneten sich unterwegs und
jeder bezog die Wohnung des anderen. Wir kamen nun in
total verwohnte Räume. Neben wunderschönen Kachel-
öfen gab es in anderen Räumen Öfen mit einem Rohr
durchs Fenster nach draußen, mehrere Zwischenzähler
und Lichtleitungen kreuz und quer. Die Tapeten stammten
noch aus der Vorkriegszeit wie auch das Bad und die
Toilette.

Mit der Vermieterin hatte ich zuvor einen Mietvertrag
ausgehandelt. Die Miete war sehr gering in Anbetracht
des Wohnungszustandes. Ich verpflichtete mich zu einer
umfangreichen Renovierung, Einbau einer Zentralheizung
usw. Mietdauer zehn Jahre und während dieser Zeit keine
Mietänderung. Uns standen nun 150 qm zur Verfügung.
Zwei Räume wurden Büro und der Familie stand ein
großes Wohnzimmer zur Verfügung. Petra bekam ein
eigenes Zimmer und Manfred zog gern ins Dachgeschoss.
Zu jeder Wohnung gehörte eine sog. Mädchenkammer (in
Vorzeiten hatte man ja noch Personal). Manfred fühlte
sich recht wohl da oben. Während er schon mal gern
allein war, mochte Petra am liebsten immer unter
Menschen sein.

Die Renovierung der Wohnung ging verhältnismäßig
langsam voran. Der Bürobetrieb war vorrangig. Es gab
immer wieder Überraschungen. Beim Entfernen der
Tapeten kamen Reste einer Zeitung aus dem Jahre 1912
zum Vorschein. Der Putz fiel flächenweise von der Wand.

Da war es gut, dass Inges Vetter in der Nähe auf einer Baustelle arbeitete. Nach Feierabend kam er mit einem Eimer voll Putz und besserte die Schäden aus. Mein Freund Ewald kam nach Feierabend und half mir beim Legen und Einziehen neuer Lichtleitungen und in vielen anderen Dingen.

Im Büro standen zwar zwei Schreibtische und ein Schreibmaschinentisch, aber Inge saß noch allein im Büro und musste die üblichen Büroarbeiten und teilweise auch Buchführungen erledigen. Buchführung wurde noch voll manuell erstellt. Jede Zahl musste von Hand einzeln im Journal oder auf Konten eingetragen werden. Gut, dass Inge seinerzeit die höhere Handelsschule absolviert hatte und entsprechende Buchführungskenntnisse reaktivieren konnte. Froh waren wir darüber, dass die meisten Mandanten ihre Buchführung selbst machten und ich mehr eine Beratungspraxis hatte. Zum Schreiben der Briefpost kam abends eine junge Frau. Eines Tages musste sie sich umstellen. Ich hatte eine elektrische IBM-Kugelkopf-Schreibmaschine angeschafft. Das war damals noch ganz was Tolles.

Obwohl ich mich bei neuen Mandanten nicht um die Buchführungsarbeiten besonders bemühte, kam doch die eine und andere Arbeit auf uns zu. In diesen Jahren bedeutete Buchführung viel Handarbeit. Ein älterer Buchhalter im Ruhestand, welcher noch etwas hinzu verdienen wollte, nahm Unterlagen mit nach Hause, um dort die Arbeiten zu erledigen.

Ich war inzwischen „Reisender in Steuersachen" geworden, vollkommen ungewöhnlich in diesem Beruf. Mit meinem DKW-Junior fuhr ich nach Burgdorf, Gifhorn und Fallersleben, aber auch nach Saarbrücken, Titisee und Singen am Bodensee sowie in den Norden nach Bremen und zur bereits erwähnten Insel Langeoog. Zu Haus im Büro erstellte ich dann die Bilanzen und Steuererklärungen. Alles musste noch von Hand getippt werden. Inge war gewiss gut ausgelastet und froh, dass zumindest am späten Nachmittag noch eine junge Frau kam, welche die auf Band diktierte Korrespondenz tippte.

Leben 1965-75

M^{it} Arbeit gut ausgelastet verging Jahr für Jahr. Nach wie vor mussten bei den Buchführungen alle Eintragungen von Hand erfolgen. Ein Stundenbuchhalter half uns, indem er monatlich die Unterlagen abholte und nach erfolgter Fertigstellung wieder zurück brachte. Während eines Gespräches ergab es sich, dass er ein Opernhaus-Abonnement für 2 Plätze zurückgeben wollte. Das war etwas für uns, denn Plätze im Opernhaus waren gewöhnlich nur schwer zu bekommen. Wir übernahmen das Abonnement und haben mehr als 30 Jahre lang unseren festen Platz im Opernhaus gehabt. Erst als ein neuer Intendant die Opern modernisierte und das Ballett Feixtänze aufführte, kündigten wir das Abonnement.

Der Freundeskreis wurde erneut etwas kleiner. Inges Schulfreundin zog mit Mann und Kind nach Hamburg und mein Schulfreund zog mit Familie nach Ulm, um sich beruflich zu verbessern. Ich konnte jeden Montag, später Dienstag zur Loge gehen und fand dort neue Freunde. Per Zufall traf Inge eine Schulfreundin auf der Geburtstagsfeier eines Logenbruders. Beide haben dann mit viel Mühe und Geduld weitere Schulfreundinnen ausfindig gemacht und Klassentreffen organisiert. Ich war inzwischen Mitglied im Verband der steuerberatenden Berufe geworden. Einmal im Monat trafen wir uns im Lokal „Vier Grenzen" und besprachen berufliche Dinge. Gelegentlich kam auch der gemütliche Teil nicht zu kurz.

Schlagartig änderte sich die Situation, als 1969 die Mehrwertsteuer eingeführt wurde. Für mich war von großem Vorteil, dass ich das System schon 1959 bei einer Firma im Saargebiet kennen gelernt hatte. Seinerzeit war das Saargebiet noch unter französischer Verwaltung und unterlag den französischen Steuergesetzen. Frühzeitig besorgte ich mir den Text des neuen Umsatzsteuer-Gesetzes, mietete im Bäckeramtshaus einen großen Saal und schickte an alle Mandanten eine Einladung zum Umsatzsteuer-Wochenendseminar.

Engagiert wurden noch ein ehemaliger Kollege vom Textil-Einkaufsverband und ein Regierungsrat von der Oberfinanzdirektion, welche auch zu einem Thema referierten. Das Echo war groß. Zu Beginn der Veranstaltung konnte ich Mandanten aus Langeoog, Münster,

Rinteln, Heinsberg, Gütersloh, Korbach, Rheydt, Titisee usw. begrüßen. Das machte natürlich Eindruck. Die Referate wurden gut aufgenommen und für die Mehrwertsteuer hatte ich einige Rechen- und Kalkulations-Beispiele zu Papier gebracht und verteilt. Die Veranstaltung wurde ein großer Erfolg. Alle Mandanten waren hochzufrieden.

Eines hatte ich allerdings nicht bedacht. Die Buchführung war etwas komplizierter geworden und musste vor allem auf dem Laufenden sein, um die Umsatzsteuererklärung abgeben zu können. Fast alle Mandanten wünschten nun, dass mein Büro auch die Buchführungsarbeiten übernimmt. Darauf war ich personalmäßig nicht eingestellt. Gut, dass beim Berufsverband schon einmal von der Einrichtung einer EDV-Buchführung gesprochen worden war. Schnellstens kümmerte ich mich um die **E**lektronische **D**aten **V**erarbeitung.

In Nürnberg hatten einige Kollegen begonnen, ein Rechenzentrum einzurichten und suchten Mitglieder. Sofort war ich dabei und musste als erstes eine Olivetti-Buchungsmaschine kaufen. Damals war das die einzige Maschine, mit der man auch Buchstaben schreiben konnte. Die Maschine war etwa 1,5 Meter breit, hatte einen großen Wagen, welcher sich sehr geräuschvoll hin und her bewegte und außerdem ein Gerät, welches Lochstreifen stanzte. Inge musste nun einen Kursus bei Olivetti besuchen und außerdem bei der AOK und DAK, um mit der neuen Art von Lohnabrechnungen fertig zu werden. Anfangs bockte die Maschine noch öfter. Inge war der Verzweiflung nahe, bis dann ein Mechaniker den Fehler gefunden hatte. Eingestellt wurden noch eine Schreibkraft und eine Buchhalterin, welche sich schnell mit der EDV-Buchführung vertraut machte. Unser Manfred half tüchtig beim Einrichten der Konten und konnte sein Taschengeld ein wenig aufbessern.

Die ersten Wochen waren ganz schön aufregend. Täglich kamen Päckchen mit Buchführungsunterlagen, welche bearbeitet, gebucht und nach erfolgter Auswertung durch das Rechenzentrum zusammen mit der USt-Voranmeldung fristgerecht (!) zurück geschickt werden mussten.

Familienurlaub

Obwohl wir reichlich Arbeit hatten, gönnten wir uns in diesen ersten Jahren zwei Wochen Urlaub und machten das Büro dicht. Eine Reiseschreibmaschine gehörte zum Gepäck und ein Postnachsendeantrag war auch gestellt. An den ersten Urlaub mit der ganzen Familie kann ich mich besonders gut erinnern. Es war im Sommer 1962. Petra hatte das erste Schuljahr gut hinter sich gebracht und Manfred sein drittes Jahr ebenso. Mein DKW Junior wurde mit Gepäck beladen und los ging die Fahrt in den Solling.

Neuhaus heißt der kleine Ort. Die Autostraße endet dort. Auf der Straße wird Federball gespielt. In einem verhältnismäßig kleinen Haus haben wir zwei Zimmer gemietet. Ein weiteres Zimmer ist an ein älteres Ehepaar vermietet, und eine junge Frau hat auch noch ein Zimmer abbekommen und möchte Urlaub im Solling machen. Alles wäre gut, wenn nur das Wetter besser wäre. Viel Regen und Nebel und recht kühl ist es auch. Am zweiten Tag fahre ich erst mal nach Hause und hole Gummistiefel für die Kinder und für Inge noch eine warme Jacke.

Wir Urlaubsgäste kommen gut miteinander aus und jeder versucht, das Beste daraus zu machen. Als es an einem Tag einmal besseres Wetter ist, wird eine gemeinsame Wanderung durch den Solling beschlossen. Froh gestimmt marschieren wir los. Leider dauert es nicht lange, bis der Himmel sich verdunkelt und ein Gewitter losbricht. Es blitzt und donnert und regnet kräftig. Wir sind auch ziemlich ängstlich, da das Gewitter direkt über uns ist. Ich eile deshalb so schnell wie möglich zu unserer Pension und hole unser Auto, um auf verbotenen Waldwegen alle Wanderer abzuholen.

Fünf Erwachsene und zwei Kinder finden irgendwie Platz in unserem DKW Junior. Eine richtig gemütliche (?!) Heimfahrt bei Donner, Blitz und Regen. In der Pension angekommen, gab es erst mal heißen Tee für alle. Es wurde dann doch noch ein gemütlicher Klönabend. Am nächsten Tag (wie schon erwähnt, die Post wurde uns nachgesandt) erreichte mich die Nachricht, dass ich wegen einer Betriebsprüfung zu einem Mandanten nach Rheydt fahren muss. Drei „Urlaubstage" verbrachte ich somit im Rheinland und auf der Autobahn.

Der nächste Urlaub fand zusammen mit den Kindern in Ronshausen statt. Wir wohnten in einem Gasthof mit Metzgerei. Als mal geschlachtet wurde, sah Petra interessiert zu, während Manfred schnell einen anderen Ort suchte. Mit dem Auto fuhren wir in eine nahegelegene Badeanstalt. Petra machte ihre ersten Schwimmversuche. Mit Schwung warf sie sich ins Wasser und kam prustend wieder hoch. Manfred war wesentlich vorsichtiger und stand nur bis zum Bauch im Wasser.

In den folgenden Jahren haben wir immer ein Stück südlicher an der Zonengrenze entlang Urlaub gemacht. Wir fanden preiswerte Unterkünfte in der Rhön, im Fichtelgebirge, im Bayerischen Wald und machten überall Ausflüge bis nach Passau. Es war eine schöne Zeit mit den Kindern. Mehrere Jahre fuhren wir gemeinsam mit Manfred und Petra in Urlaub. Mit 17 hatte Manfred dann schon so seine eigenen Urlaubsziele mit Klassenfreunden und mit 19 war dann auch das Abitur gemacht. Da er kein Soldat werden wollte, musste er zwei Jahre (!!) Ersatzdienst leisten. Erst danach konnte er mit dem sozialpädagogischem Studium beginnen und zog nach Darmstadt.

Petra erreichte ohne Probleme die mittlere Reife und wollte Krankenschwester werden. Dazu besuchte sie zunächst noch eine Haushaltungsschule, um dann mit 18 Jahren im Agnes-Karll-Krankenhaus-Internat die Ausbildung zu beginnen. Zuvor waren wir mit ihr noch zweimal in Urlaub nach Rumänien gefahren.

Die Kinder werden flügge

In unserem Haus wohnten wir bald allein. Die Kinder waren zwar beide außer Haus, aber ihre Zimmer blieben für sie reserviert. Zusammen mit seiner Freundin studierte Manfred in Darmstadt. Nach Beendigung des Studiums fand er einen Arbeitsplatz in der Nähe von Frankfurt und wollte gern dort bleiben. Die beiden heirateten und wir halfen beim Kauf einer Wohnung in Frankfurt. 1986 wurde unsere Enkeltochter Tanja geboren.

Unsere Tochter Petra wollte nach bestandenem Staatsexamen nicht länger im Wohnheim des Krankenhauses wohnen. Auch wechselte sie nach einiger Zeit die

Arbeitsstelle, um ihre Kenntnisse zu erweitern. Ihrem
Wunsch nach mehr Selbständigkeit konnten wir verstehen
und halfen beim Kauf einer Wohnung in Altwarmbüchen.
Sie hat dort nicht lange gewohnt. Die Liebe brachte es
mit sich, dass Sie nach Korfu zog. Der Abschied war für
mich sehr schmerzlich. Sie heiratete dann dort ihren
Alexios. Unser Enkelsohn Florian-Spiridon wurde 1983
geboren.

Entfernt von Hannover sind unsere Kinder ihren Weg
gegangen. Haben Glück und Leid erlebt, ohne dass wir
direkt beteiligt waren. Besonders in den ersten Jahren war
meine Sehnsucht nach ihnen sehr groß. Familie hat für
mich einen hohen Wert. Ich muss aber auch anerkennen,
dass die Kinder uns mit ihren Sorgen und Nöten
weitestgehend verschont haben. Unsere Zusammenkünfte
waren immer sehr harmonisch, auch wohl, weil wir uns in
ihre Angelegenheiten weitestgehend nicht eingemischt
haben. Helfen ja, - aber nicht einmischen.

Manfred und Familie besuchten wir gelegentlich in
Frankfurt und „die Frankfurter" kamen Weihnachten nach
Hannover. Petra kam einmal mit ihrem Mann nach
Hannover und später auch mit ihrem Sohn. Wir fuhren
fast jedes Jahr einmal nach Korfu und machten dort zwei
Wochen Ferien. Unsere goldene Hochzeit feierten wir
1999 nur mit unserer Familie in Kreta. Ich hatte dort zwei
Hapimag-Wohnungen gemietet. Eine kleine für uns und
eine 3-Zimmer–Wohnung für Petra mit Mann und Sohn
und für Manfred mit Tanja. Es war eine schöne Zeit.

Beruflich ging es für mich gut voran. Mehrere Jahre
war ich schon zu einem Textilgeschäft in Korbach
gefahren. Im Nachbarhaus befand sich ein Uhrengeschäft
und Juwelier. Die Nachbarn waren eines Tages wohl auch
über steuerliche Dinge ins Gespräch gekommen, jedenfalls wurde ich gebeten, mich beim Juwelier vorzustellen.
Der Inhaber war ein bereits älterer Herr, etwa Mitte 70,
mit dem ich mich recht gut unterhielt. Er erzählte auch
von seinem Sohn und Schwiegertochter. Beide waren im
Geschäft mit tätig. Der ältere Herr befasste sich
hauptsächlich mit der Buchführung und machte seine
Steuererklärung selber. Er war Mitglied im Vorstand einer
Einkaufsgesellschaft für Juweliere. Er war dort ebenfalls
für Buchführung und Steuer zuständig. Alles noch

handschriftlich!! Zu den Einkaufsmessen fuhr er zusammen mit seinem Sohn.

Zunächst bekam ich den Auftrag für seine Firma die Buchführung und Steuererklärungen zu übernehmen. Bei den folgenden Besuchen kam es im Verlaufe der Gespräche auch zum Thema Geschäftsübergabe. „Mein Sohn drängt", sagte er und war nicht so recht glücklich dabei, obwohl der Sohn (verheiratet und ein Kind) voll im Geschäft tätig war und durchaus fähig. Mit dem Sohn kam ich auch gut ins Gespräch und erfuhr, dass die Einkaufsgesellschaft sich stark vergrößerte, so dass die Arbeitsbelastung für seinen Vater immer größer wurde.

Eines Tages war es dann so weit. Der ältere Herr übertrug mir die Buchführung auch für die Einkaufsgesellschaft. Bald danach wurde ich zu einer Vorstandssitzung mit eingeladen und machte mich bekannt. Am nächsten Tag erfuhr ich dann von den Herren, dass die Einkaufsring-GmbH in Zukunft nicht nur Aufträge zwischen den Mitgliedern und den Lieferanten vermitteln wird, sondern auch in größerem Umfang Eigengeschäfte tätigen wird. Im Auftrage der GmbH würden Mitglieder z.B. Perlen direkt in Japan einkaufen, Diamanten in Afrika und Edelsteine in Südafrika usw.. Außerdem würden wie bisher jährlich zwei eigene Einkaufsmessen für die Mitglieder veranstaltet.

Ich wurde gefragt ob ich Buchführung, Bilanz und Steuer übernehmen könne und habe ohne Zögern ja gesagt. In den Folgejahren wurde ich auch zu den Einkaufsmessen und den damit verbundenen Gesellschafterversammlungen eingeladen. Ich erläuterte den Jahresabschluss und durfte auch einen Vortrag über steuerliche Probleme oder Empfehlungen zu Gesellschaftsgründungen usw. halten. Ich wurde bekannt und im Laufe der Jahre kamen mehrere Juweliere zu mir als neue Mandanten. In den letzten Jahren brachte allein diese Mandantengruppe eine Jahreseinnahme von fast Hunderttausend DM.

Mein Weg als Freimaurer

Es begann schon 1931/32. In der Volksschule (heute „Grundschule") bekam unsere Klasse einen neuen

Klassenlehrer. Er war noch verhältnismäßig jung und verstand es, uns für manche Dinge zu begeistern, welche außerhalb des normalen Schulunterrichts lagen. An den schulfreien Nachmittagen konnten wir freiwillig zum Turnen kommen oder zum Flötenunterricht oder Schachspielen. Er war sehr beliebt und hatte großen Einfluss auf uns Kinder. Den nutzte er aus, um uns moralisch und politisch zu beeinflussen.

Unser Lehrer war ein fanatischer Ludendorff-Anhänger. Als Lesestoff erhielten wir die Hefte „Am heiligen Quell deutscher Kraft" von Dr. Mathilde Ludendorff. Geschichtliche und Tagesereignisse wurden von ihm kommentiert und am Schluss hieß es immer: „ und Schuld daran sind die Juden, Jesuiten und Freimaurer, - diese überstaatlichen Mächte!" Als die Nationalsozialisten mit Hitler 1933 an die Macht kamen, war ich 10 Jahre alt und auf die in den nächsten Jahren verbreiteten Schlagwörter und „Lebensweisheiten" gut vorbereitet.

Die Ernüchterung erfolgte erst viel später, nach einem schrecklichen Krieg und in englischer Gefangenschaft (1945 bis Ende 1946). Dort hörte ich von der Judenverfolgung, von Auschwitz und anderen Vernichtungslagern. Ich muss zugeben, dass wir Kriegsgefangene diese Berichte noch lange Zeit als Kriegspropaganda abgetan haben. Erst als ich im November 1946 aus der Kriegsgefangenschaft entlassen worden war, wurde mir nach und nach der Wahnsinn des sog. „Dritten Reiches" und der ganzen NS-Ideologie bekannt.

Im Januar 1947 begann zunächst der Kampf ums Überleben. Es gab viel Arbeit, aber wenig zu essen. Berufliche Kenntnisse mussten erweitert werden. Mein während der Lazarettzeit durchgeführter Fernlehrgang in Buchführung war zwar nützlich gewesen, aber natürlich nicht ausreichend, um beruflich weiter zu kommen. Neben der beruflichen 48-Stunden-Woche nahm ich noch Abendunterricht. Da blieb wenig Raum, um über den Sinn des Lebens nachzudenken.

Erst nachdem ich im Juni 1957 meine Zulassung als Helfer in Steuersachen erhalten hatte und als Betriebsberater unterwegs war, blieb etwas mehr Zeit für private Dinge. Zusammen mit meiner Frau buchte ich ein Opern-Abonnement und bekam auch wieder Kontakt mit einem ehemaligen Kollegen und seinem Bekanntenkreis durch gegenseitige Besuche. Wir hatten gute Gespräche auch außerhalb des täglichen Einerleis.

Bei so einer Gelegenheit erzählte ich einmal die schon erwähnte Geschichte von meinem Klassenlehrer und seinem Spruch „.. und Schuld daran sind die Juden, Jesuiten und Freimaurer!". Beim Stichwort Freimaurer erzählte einer der Anwesenden, dass er vor kurzem einem „leibhaftigen Freimaurer" begegnet sei, Inhaber eines Tapetengeschäftes in der Nachbarschaft. Es sei ein interessantes Gespräch gewesen. Ich war interessiert und schnell war ein Kontakt hergestellt. Wie schon berichtet, fand dann das erste Gespräch mit Herrn D. in einem Wohnwagen, welcher neben seinem Geschäft stand und als Büro diente, statt. Dieser Herr wurde später mein Bürge und im Laufe der Jahre ein echter Freund.

Zunächst nehme ich als Gast an den Zusammenkünften teil, manchmal nur ein gemütliches Beisammensein. Häufig wird ein kurzer Vortrag gehalten und anschließend darüber diskutiert. Mir fällt sofort auf, dass es keine Zwischenrufe gibt. Wer etwas zum Thema sagen will, meldet sich durch Handzeichen beim Leiter. Der Reihe nach erhält jeder das Wort und kann ungehindert seine Meinung äußern. Am Ende der Veranstaltung fasst der Redner das Ergebnis zusammen.

Ich höre etwas über den Tempelbau. „Wir bauen den Tempel der Humanität". Wir Mitglieder sind „raue Steine" mit Ecken und scharfen Kanten, welche abgeschliffen werden müssen, um für den Tempelbau geeignet zu sein. „Erkenne Dich selbst!" wird wiederholt gefordert. Es ist eine eigenartige Symbolsprache, an die ich mich erst mal gewöhnen muss. Diese Abende waren für mich immer sehr interessant und sind es heute noch. An diesen Abenden werden zumeist religiöse und philosophische, aber auch aktuelle Themen behandelt.

Zusammen mit anderen Gästen und Damen wurden meine Frau und ich zur Sonnenwendfeier 1959 eingeladen. Der Ablauf war auch für meine Frau sehr beeindruckend und vor allem lernte sie den Bruderkreis und mehrere Schwestern kennen.

Ein- bis zweimal im Monat findet eine rituelle Versammlung statt. Zu dieser haben Gäste keinen Zutritt. Keinen Zutritt haben auch Frauen zu den meisten Veranstaltungen, sie können auch kein Mitglied werden.

Das hat auch Vorteile. Bei den Diskussionen ist keiner durch die Anwesenheit von Frauen in seinen Äußerungen gehemmt. Eine Ahnung vom Ablauf einer rituellen Versammlung erhalte ich auf der Weihnachtsfeier, zu welcher auch die Frauen eingeladen werden. Inge ist mit dabei und sehr beeindruckt. So nach und nach komme ich mit verschiedenen Herren (untereinander nennen sie sich Bruder) ins Gespräch und fühle mich immer wohler in diesem Kreis. Geheimgehalten wird alles, was das Ritual betrifft. Großer Wert wird auch auf die Vertraulichkeit der Gespräche untereinander gelegt.

Besonders mit Herrn D., welcher mich in diesen Kreis eingeführt hat, kann ich offen über alle Dinge sprechen, welche mich bewegen und belasten. Er war während des Krieges Fallschirmjäger, hat auch viel erlebt und versteht meine Gedanken, wenn ich an Krieg und an meine Gefangenschaft denke, welche vor etwa 16 Jahren endete und ich anschließend als Kriegsverbrecher bezeichnet wurde, ohne das mir jemand eine persönliche Schuld oder Untat vorwerfen kann.

Manchmal merke ich auch, dass mit 14 Jahren meine Schulausbildung zu Ende war. In Vorträgen und Diskussionen fallen Wörter, die mir fremd sind und manche Redewendungen sind mir nahezu unverständlich. Immer öfter suche ich das Gespräch mit einem Herrn, den sie Bruder Redner nennen. Er ist ein Ostfriese. Als ich erzähle, dass meine Mutter in Ostfriesland geboren ist, sind wir fast schon Freunde. Er gibt mir Zeitschriften und Manuskripte von Vorträgen, die er in der Loge gehalten hat. Ich kann viel von ihm lernen.

Inzwischen ist es August 1960 geworden und Herr D. sagt mir, dass ich mich um die Aufnahme bewerben kann. Einen Fragebogen muss ich ausfüllen und einen genauen Lebenslauf beifügen. Beim Schreiben kamen mir Zweifel. Werde ich da wohl aufgenommen? Nur Volksschulbildung, Zugehörigkeit zur Waffen-SS!! Bei Abgabe des Fragebogens werden diese Tatsachen eingehend besprochen. Volksschulbildung ist kein Hindernis. Über meine Soldatenzeit berichte ich so genau wie möglich und kann mit gutem Gewissen bestätigen, dass ich nie in einem KZ tätig war und auch nie an Erschießungen teilnehmen musste. Bald darauf ist Herr D. mit seiner Frau auf einen Abend bei uns, damit wir uns auch familiär mehr kennen lernen. Er erklärt sich bereit, mein Bürge zu werden. Er erzählt mir, dass in der Loge über meinen Aufnahmeantrag abgestimmt worden ist und es keine Gegenstimme gegeben hat.

Am 6. Oktober 1960 erfolgt im Rahmen des Stiftungsfestes meine Aufnahme in die Loge Baldur. Ich bin nun Freimaurerlehrling. Die Aufnahmehandlung ist für mich zunächst mehr verwirrend als feierlich. Mit verbundenen Augen werde ich herumgeführt, wobei mir in Form von Sprüchen Lebensweisheiten vermittelt werden. Die verbundenen Augen sollten verhindern, dass ich mich durch Äußerlichkeiten ablenken lasse. Nachdem ich wiederholt gesagt hatte, dass ich Freimaurer werden möchte, wurde mir „Das Licht" gegeben, d.h., die Binde von den Augen genommen.

Als mir endlich die Binde von den Augen genommen wird, blicke ich in einen Spiegel und höre: "Erkenne Dich selbst!". Dieser Spruch begleitet mich ein Leben lang und hilft mir in manchen Situationen, das Richtige zu tun. Freimaurerei bedient sich einer Symbolsprache und ist daher von modisch-zeitlichen Einflüssen unabhängig. Der unbehauene Stein ist das Symbol für den Lehrling. Mit einem Spitzhammer hat er die scharfen Kanten abzuschlagen, damit er sich beim Tempelbau einfügen kann (symbolisch). Im täglichen Leben erschweren „scharfe Kanten" den Umgang mit den Mitmenschen. Ferner höre ich, wie wichtig es ist, die Zeit mit Weisheit einzuteilen.

Den weiteren Verlauf des Rituals konnte ich nun mit offenen Augen verfolgen. Nachdem ich meine rechte Hand auf Bibel, Winkelmaß und Zirkel gelegt und ein heiliges Gelübde gesprochen hatte, wurde ich als „Bruder" in die Loge aufgenommen. Der Lehrsatz lautet: "Schau in Dich!" Selbsterkenntnis ist ganz wichtig. Warum rede oder handele ich so und nicht anders? Fehler zunächst im eigenen Innern suchen und nicht bei Anderen. Freimaurer bauen sinnbildlich den Tempel der Humanität. Die Steine, derer sie bedürfen, sind die Menschen. Jeder soll seine eigenen „Ecken und Kanten" abschlagen, um sich entsprechend seinen Möglichkeiten einzufügen. Menschenliebe und Toleranz sind der Mörtel des Tempelbaues. So hören wir es immer wieder bei den rituellen Zusammenkünften, die wir „Arbeiten" nennen.

Ein weiterer Merksatz schon während der Zeit als Lehrling lautet: „Lerne die Zeit mit Weisheit einzuteilen" und als Symbol dient ein 24-zölliger Maßstab. Das Thema meiner ersten Zeichnung (so nennen die Brüder einen Vortrag) lautet daher: "Über Zeitgenossen und die Zeit". Das war 1961 und im Dezember 1962 werde ich zum Freimaurer-Gesellen befördert.

Bald darauf, am 14.1.1963 erfolgt meine Erhebung zum Meister, einer der feierlichsten Erlebnisse. Insbesondere die letzten zwei Jahre haben wesentlich zu meiner Entwicklung beigetragen. Ich bin nicht mehr der ungebildete Volksschüler, sondern ein gleichberechtigter „Bruder" in einer Gemeinschaft von Männern mit unterschiedlichen Berufen, unterschiedlicher sozialer Stellung und verschiedenen Altersgruppen. Alle sind zumindest bemüht, sich gegenseitig mit Toleranz und einem gewissen Verständnis für menschliche Schwächen zu achten, ohne Rücksicht auf die soziale Stellung.

Von allen Mitgliedern wird eine gewisse geistige Mitarbeit gefordert. Außer den streng rituellen Zusammenkünften, die wir „Arbeit" nennen (Arbeit an uns selbst), halten die Brüder kleine Vorträge über verschiedene Themen, die dann anschließend diskutiert werden. Natürlich musste auch ich zu Themen sprechen, welche ich selber aussuchen konnte. Einige Beispiele:

- „Die Angst vor dem Tod"
- „Chile und die Freimaurerei"
- „Hoffnung auf Gerechtigkeit"
- „Die Synthese von Wissen und Gewissen"
- „Gefühle in unserer rational gestalteten Welt"
- „Das Märchen vom dreiarmigen Leuchter"
- „Vom Ursprung und Wesen des Geldes und seiner Macht"

usw. usw.

Wie in der Loge üblich, wurden auch diese Vorträge anschließend diskutiert, von anderen Brüdern ergänzt und vertieft, so dass am Ende jeder mit neuem Wissen und Erkenntnissen seinen Heimweg antreten konnte. Besonders diese Abende haben wesentlich zu meiner Wissenserweiterung sowie zu meiner geistig-sittlichen Entwicklung beigetragen.

Meine gesamte Lebensauffassung hat durch die Freimaurerei einen ganz anderen Sinn bekommen. Toleranz und Brüderlichkeit stehen im Vordergrund. Humanes Denken wird immer wieder gefordert. Es ist nicht Sinn dieser Lebenserinnerungen, die gesamte Philosophie und Religiosität der Freimaurerei zu beschreiben, zumal es verschiedene Richtungen gibt. Während einige Logen streng christlich ausgerichtet sind und verlangen, dass man sich zu einer christlichen Religion bekennt, ist der größere Teil zumindest in Deutschland in dieser Beziehung nicht so streng. In den sogenannten „humanitären" Logen spielt die Konfession keine Rolle. Es wird ein Bekenntnis zum „Allmächtigen" oder zum „Großen Baumeister aller Welten" verlangt. In der Loge Baldur traf ich einen evangelischen Pastor, einige Katholiken und Atheisten und auch einen bekennenden Moslem. Mit allen konnte ich über alles reden. Die im Gelöbnis geforderte Verschwiegenheit bezieht sich nicht nur auf die internen und rituellen Dinge der Loge, sondern auch vor allem auf die vertraulichen Angelegenheiten eines Bruders.

In der Loge fand ich gute Freunde und „Wegweiser". Eifrig besuchte ich die Tempelarbeiten und die Vortragsabende. Gemeinsam mit den Frauen finden jedes Jahr Veranstaltungen wie Weihnachtsfeier, Sommerausflug mit Sonnenwendfeuer, Schwesternfest (unsere Frauen nennen wir Schwestern) und auch Gästeabende mit Frauen statt. So fand meine Frau auch nach und nach persönliche Kontakte.

Nach der Erhebung zum Meister wurde ich alsbald mit einem kleinen Amt betraut (zugeordneter Schaffner) und 1965 zugeordneter (d.h. stellvertretender) Schatzmeister. In anderen Vereinen nennt man ihn Kassenwart oder so ähnlich. Als zugeordneter Schatzmeister hatte ich eine Mitgliederkartei zu führen. Auf diesen Karteikarten musste ich eintragen, wann der betreffende Bruder seinen Mitgliedsbeitrag bezahlt hat. Der Schatzmeister führte ein Journal, in welches jede Geldbewegung eingetragen wurde. Wurde ein Mitgliedsbeitrag als Eingang eingetragen, so machte ich auf der Mitgliedskarte einen entsprechenden Vermerk. 1965 gab es noch keine Computer für Buchführung.

1970 trat der Schatzmeister überraschend vom Amt zurück und kündigte die Mitgliedschaft zur Loge. Ich

übernahm das Amt und richtete die EDV-Buchführung
ein, welche ich inzwischen auch in meiner Steuerkanzlei
für Mandantenbuchführungen schon eingeführt hatte. Zur
Erinnerung: Erst 1962 nahm das Statistische Bundesamt
eine EDV-Anlage in Betrieb. Schatzmeister war ich bis
Johanni 1986, als mir das Amt des zugeordneten Meister
vom Stuhl übertragen wurde. Für die Zeit von Johanni
1990 bis 1994 wählte die Bruderschaft mich dann zum
Meister vom Stuhl, dem höchsten Amt der Loge,
anschließend zum Alt- und Ehren-Stuhlmeister. Das Amt
habe ich vier Jahre ausgeübt, um es dann in jüngere
Hände zu übergeben.

Schon im Frühjahr 1976 wurde ich gefragt, ob ich
Interesse am „Schottischen Ritus" habe. Um mein Wissen
zu vervollständigen und um meine Bildung zu erweitern,
sagte ich gern ja und wurde in den IV. Grad aufgenommen. Die ersten drei Grade (Lehrling, Geselle, Meister)
hatte ich ja bereits in der Loge Baldur kennen gelernt.

Der „Alte, Angenommene Schottische Ritus", kurz
AASR, ist ein freimaurerischer Orden weltweiter
Verbundenheit. Seine weiterführenden Grade (IV -
XXXII) vermitteln, vertiefen und fördern ein geistiges
Durchdringen freimaurerischen Gedankenguts in rituellen
Graden. Die Rituale entsprechen weitestgehend dem
Orden der Tempelritter, welcher 1120 in Jerusalem, nahe
dem Salomonischen Tempel gegründet wurde. Sein Ziel
war der Schutz der Pilger, welche nach dem 1. Kreuzzug
die heiligen Stätten in Palästina besuchen wollten.
Entsprechend wurden am Pilgerweg von Frankreich über
Deutschland, Österreich, dem Balkan, der jetzigen Türkei
und Jordanien Stützpunkte und Burgen gebaut. Im
Rahmen einer Jordanienreise habe ich die Überreste einer
Burg noch besichtigen können. Da der Schutz der Pilger
ganz im Sinne der Kirche war, wurde der Orden kurz nach
Gründung vom Papst bestätigt und von der Kirche
gefördert. Adelige übertrugen Grundbesitz und schenkten
dem Orden Geld und Gold. Im Laufe der Jahre übernahm
der Orden auch geschäftliche Dienstleistungen und
transferierte Geld und Güter von Europa nach Palästina.
Er entwickelte ein gut funktionierendes Bankensystem
und wurde reich und politisch mächtig.

Nachdem die letzten Kreuzzüge fehlgeschlagen waren,
zogen sich die Templer aus Palästina zurück. Ihr enormer

Reichtum weckte die Begierde von weltlichen und kirchlichen Herrschern. 1307 begann auf Anweisung Philips IV. von Frankreich und Papst Klemens V. ihre Verfolgung durch die Inquisition. In einem Schreiben lieferte der König eine Begründung, indem er behauptete, dass die Ordensmitglieder „Christus verleugnen, auf das Kreuz spucken, sich bei der Aufnahme obszönen Gesten hingeben" usw.. Gefoltert und auf dem Scheiterhaufen wurden Geständnisse erpresst.

Auch dem Großmeister Jacques de Molay wurde nach langer Kerkerhaft ein Geständnis erpresst. Als man ihn in Paris auf seinen eigenen Wunsch hin einer großen Volksmenge vorführte, damit er sein Geständnis öffentlich wiederhole, legte er seinen Mantel ab, entblößte sich bis auf die Haut und zeigte dem entsetzten Publikum seine bis auf die Knochen zerschundenen Arme, seine auf Brust, Bauch , Rücken und Oberschenkeln abgezogene Haut und rief:" Seht, ihr Herren, dass sie uns sagen ließen, was sie wollten."

1312 wurde der Orden von Klemens V. aufgehoben und sein Besitz offiziell dem rivalisierenden Hospitaliterorden zugewiesen, in Wahrheit aber großenteils von Philip IV und König Eduard II. eingezogen. Letzterer löste den Orden in England auf.

Der „Schottische Ritus" heutiger Prägung entstand im 18. Jahrhundert und wurde von Freimaurern gegründet, welche die Tradition in moderner freiheitlich-humanitärer Form weiterführen. Ritterliche Tugenden wie Opfermut, Disziplin, vor allem Hingabe an eine frei gewählte Aufgabe stehen im Vordergrund und werden durch ein entsprechendes Ritual gefordert und gefördert. Wir sind Ritter des Geistes geworden. Schwerter haben nur eine rituelle Bedeutung. Im Laufe der Jahre wurde ich in den 18., 30. und am 26.04.1986 in den 32. Grad aufgenommen. Von Juni 1986 bis Dezember 1998 war ich Groß-Schatzmeister. Eine Aufgabe, welche mir auf Grund meines Berufes nicht schwer fiel und die ich neben meinen Aufgaben in der Loge Baldur gut erfüllen konnte.

Schon 1988 wurde ich Mitglied der Forschungsloge „Quatuor Coronati" und erlangte dadurch Zugang zu zahlreichen Schriften und Büchern, welche sich mit der Vergangenheit der Freimaurerei, aber auch mit den Auswirkungen in der Gegenwart und Zukunft befassen.

Neben Familie und Beruf war die Freimaurerei zum wichtigsten Bestandteil meines Lebens geworden.

Sowohl der Orden (AASR) als auch die Forschungsloge haben sehr dazu beigetragen, dass ich ein Wissen und eine Bildung erlangen konnte, welche mir das nötige Selbstvertrauen verschafften, um im privaten und beruflichen Leben bestehen zu können.

Im Bruderkreis der Loge Baldur und an Gästeabenden habe ich im Laufe der Jahre etwa 30 kurze Vorträge halten dürfen. Einige wurden ins Internet gestellt. Jeder Vortragsabend war durch die anschließenden Diskussionen auch für mich ein geistiger Gewinn.

Obwohl ev.-reformiert getauft, bin ich ein Christ im Sinne der Kirche wohl nie gewesen. Der rechte Glaube an einen Gott, welcher alles regelt, ist mir fremd. Ich glaube an eine schöpferische Allmacht, welche ich nicht beeinflussen kann. Beeinflussen in bescheidenem Maße kann ich aber mein Leben im Kreis meiner Mitmenschen. Ich erhielt ein Grundvertrauen, wonach es sich lohnt, für das Wohl meiner Mitmenschen, für ein von gegenseitiger Achtung bestimmtes Miteinander und für eine sichere Zukunft meiner Familie zu wirken.

Nicht „Auge um Auge, Zahn um Zahn" sondern die Forderung „Liebet Eure Feinde, segnet die Euch fluchen, tuet Wohl denen die Euch hassen", - diese Forderungen, realistisch verwirklicht, führen zu einem Frieden mit sich selbst und zu einem Frieden der Menschen miteinander. Das ist meine feste Überzeugung. – Bin ich vielleicht doch ein Christ? Bestimmt bin ich ein tolerant denkender Freimaurer. Und das eine muss kein Gegensatz zum anderen sein.

Heinz Kamp
Im Jahre 2013